비교리즘

비교리즘

비교의 긍정과 부정,
그 사이 존재하는 것에 관한 이야기

COSMO 지음

채륜

차례

Phase 1

Phase 2

Phase 3

Phase 1

'비교'를 위한 전주곡

프롤로그

'엄친아'라는 줄임말 탄생의 역사를 살펴보면 우리가 '비교'라는 단어를 얼마나 중요하는지 알 수 있다. 엄친아란 '엄마 친구의 아들'을 줄인 말로 2005년에 연재 중이었던 네이버 웹툰 〈골방 환상곡〉에 처음 등장했다. 어머니 입장에서 볼 때, 무엇이든 잘하는 완벽에 가까운 이상적인 자녀는 항상 친구의 자녀다. 그뿐만 아니라 한국의 많은 어머니는 당신 자녀의 단점을 지적하기 위해 친구 자녀의 장점을 자주 인용한다. "희수네 아들은 이번에도 1등 했더라. 키도 훤칠해서 인물도 좋아. 남편 복이 없으면 자식 복은 있다던데, 나는 지지리 복도 없어." 누구 들으라고 하는 말인지 알 수 없지만 듣는 아들은 불편할 수밖에 없다.

〈골방 환상곡〉이라는 작품 안에서 엄친아는 많은 장점을 가진 '우월한 자'를 지칭한다. 이처럼 처음에는 풍자적 요소가 많았던 엄친아는 진화를 거듭해 '충분한 조건을 갖춘 완벽한 사람' 혹은 '우월한 능력의 소유자'를 지칭하는 용어로 굳어졌다(이로써 언어의 생명력은 엄숙한 교육이 아니라 사용 빈도에 있다는 가설을 다시 한번 증명했다). 유명 연예인 중 훌륭한 외모와 더불어 쓸 만한 학벌을 겸한 경우를 엄친아라고 부르기도 한다. 으레 당신이 엄친아로 지목된다면 기분 좋은 일이다. 하지만 엄친아 반대편에 서 있는 아들의 마음을 한 번이라도 짐작한다면 마냥 즐거울 수만은 없는 일이다. 그리고 그 불편함 한가운데에는 '비교'가 있다.

호모 사피엔스가 불행을 느끼는 실마리에는 대부분 비교를 통한 상대적 박탈감이 있다. 그래서 SNS 가입자 수가 늘어날수록 불행한 사람도 늘어난다. 모든 사용자가 그렇다고 할 수는 없겠지만, 많은 사람이 자신의 경제적 우월함을 우아하게 드러내는 데 SNS를 잘 활용하고 있다. 단적인 예로 현실과 다르게 무한한 피드 속에는 불행한 사람보다 행복한 사람이 훨씬 많다. 21세기를 사는 우리는 소통을 위해 개발한 문명의 이기가 불행을 양산하는 원흉으로 변질된 우울한 아이러니의 시대에 살고 있다(기득권의 오래된 숙제를 해결했다는 점에서 누군가에게 칭찬을 들을지도 모르겠다). 덕분에 시공간을 초월한다는 인류의 숙원도 어느 정도 달성했다.

그렇지만 비교가 불행의 씨앗이라는 평가는 인간의 일방적인 결정일뿐이다. 재러드 다이아몬드 교수가 말했듯이 총, 균, 쇠로 요약할 수 있는 제국주의의 대표주자들은 처음부터 문명의 파괴를 위해 출현한 것은 아니었다. 역사도 승자의 정당성을 합리화하기 위해 시작한 학문이 아니며 상대성 이론도 핵폭탄을 만들기 위해 탄생한 학설이 아니다. 마찬가지로 (모든 단어가 그렇겠지만) '비교'라는 단어는 단 한 번도 부정적으로 사용되길 스스로 바라지 않았을 것이다. 오직 그것을 폭력적으로 사용한 인간이 있을 뿐이다. 이러한 맥락에서 '비교'는 그동안 지나칠 정도로 우리에게 외면받아 왔다. 나아가 증오의 대상처럼 취급하기도 한다.

17세기 프랑스의 귀족 출신 작가였던 라 로슈푸코 François VI, Duc de La Rochefoucauld 는 '위선은 악이 선에게 바치는 경배'라고 했다. 비슷하게 '비교는 편견이 상상력에게 바치는 경배'라고 말하고 싶다. 무엇이든 주의 깊게 살펴보는 자세는 칭찬할 만한 일이다. 아울러 비교를 경계하는 것은 매우 긍정적인 태도다. 하지만 그렇다고 모든 비교를 거부하는 것은 생산적인 상상력을 제한할 수 있다는 점에서 올바른 자세는 아니라고 생각한다. 다른 의견을 가진 한 사람의 입을 막기 위해 모든 사람의 입을 막는 일은 없어야 한다. 비교를 통해 바람직하고 혁신적인 결과도 얼마든지 도출할 수 있다.

<=

엄친아의 반대편에 있는 아들의 마음처럼, 자칫 잘못하면 비교는 우리의 자존감과 자신감에 커다란 상처를 남길 수 있다. 반면에 비교를 잘 활용하면 이해하기 힘들었던 개념, 정의, 주장 등이 훨씬 명료해진다. '이성理性'이란 단어를 이해할 때 지성, 로고스, 사고력과 같은 유의어와 감성, 비합리, 모순과 같은 반의어를 비교하면 그 뜻을 보다 정확하고 풍성하게 받아들일 수 있다. 쉽게 말해 비교는 절대 나쁜 것도 절대 좋은 것도 아니다. 그저 비교하면 긍정적인 결과로 이어지는 경우가 있을 뿐이다. 이처럼 비교를 가치중립적으로 활용할 때 비교의 가치는 오히려 높아진다. 그리고 비교는 '관계'를 파악하는 데 특히 유용하다.

인물, 개념, 사물, 이론, 문제, 사상, 물질, 모양, 가치관... 그 대상이 무엇이 되었든 서로를 낯설게 비교하다 보면 의외로 흥미로운 관계가 드러날지 모른다. 예를 들어 충무공과 테미스토클레스라는 두 인물의 공통점과 차이점은 무엇일까? 16세기와 기원전 5세기의 차이만큼 두 인물의 가치관은 다를 수도 있지만 그렇지 않을 수도 있다. 각각 일본과 페르시아라는 외부 세력에 대항하기 위해 어떤 결심을 했을지 궁금하다. 또 조선과 아테네는 두 인물을 각각 어떻게 평가했을지 살펴보는 것도 기대된다. 두 영웅은 시간과 공간의 한계를 넘어 우리에게 무슨 메시지를 남겼을까? 결코 쉽게 답할 수 있는 문제는 아니다.

역사적으로 중요한 인물뿐만이 아니라 사랑과 머리카락, 신화와 영화, 익숙한 맛과 그리운 맛, 삶과 수학 등 비교할 거리는 무궁무진하다. 게다가 이런 흥미로운 비교가 우리에게 기억할 만한 인사이트까지 제공한다면 더할 나위 없이 좋은 일이다. 바꿔 말하면 비교는 우리의 사고를 확장하는 데 효과적인 도구라고 할 수 있다. 건강한 비교를 통해 잊지 말아야 할 사실을 파악하는 것은 물론, 비교 대상의 관계에 담겨 있는 소중한 지혜까지 얻을 수 있기 때문이다. 이렇게 훌륭한 비교를 그냥 방치하는 것은 사유의 단절이 만연한 요즘을 살고 있다는 점에서 매우 심각한 낭비라고 생각한다. 따라서 비교는 제자리를 찾을 필요가 있다.

<blockquote>

"

비교, 편견이 상상력에게 바치는 경배

</blockquote>

누차 강조하지만, 비교 자체에는 아무런 문제가 없다. 단지 비교를 남용하고 잘못된 해석을 해 왔기 때문에 문제가 됐을 뿐이다. 대부분의 사안이 그렇지만 오독과 오해는 언제나 큰 골칫거리다. 일례로 《이기적 유전자》를 집단이나 개체의 이기적 성향을 강조하는 피상적인 서적으로 오해하는 경우가 많다. 나아가 책의 결론을 적자생존適者生存이나 우승열패優勝劣敗라고 해석하는 경우까지 있다. 그러나 책의 내용도 그렇지만 '유전자'의 이기적 특성이 진화의 세계에서 어떤 역할

을 해 왔는지 설명한 책이라고 저자인 리처드 도킨스도 분명히 밝혔다. 확증편향의 위험성을 강조하지 않더라도 이런 오해는 비교를 다루려는 우리에게 시사하는 바가 크다.

'포기하면 편하다'라는 웃지 못할 말이 유행한 적이 있다. 복잡하고 바쁜 현실을 살아가려면 자신의 신념은 적당히 접고 세상과 타협하며 살아가는 게 진리인 것처럼 여긴다. 오히려 그렇지 못한 사람을 융통성 없는 고집불통이라며 밀리하기도 한다. 세상의 모든 일을 철저하게 파악한다는 것은 불가능하기 때문에 필자도 부분적으로는 동의한다. 그런데 끝없이 포기만 하다 보면 아무것도 변하지 않는다는 사실도 진실이다. 비교가 지금과 같이 부정적인 이미지를 장착한 데에는 오해도 있었지만, 적당히 넘어가는 습관적인 포기 때문이라는 생각을 지울 수 없다. 비교를 올바르게 인식하는 일, 먼저 손을 내밀고 포기만 하지 않는다면 가능하다.

비교에 대한 증오를 극복하면 명료한 이해의 평원이

펼쳐질 수 있다. 비교 대상들을 자세히 들여다보며 파악하는 관계의 유사점과 차이점에서 당신은 소외와 차별보다는 공감과 이해를 만날 가능성이 크다. 우리가 앞으로 해야 할 비교는 서로가 다를 수 있음을 전제하기 때문이다. 게다가 다양성의 인정은 곧 생존과 연결된다. 자본주의가 고도화될수록 경쟁과 비교는 구분하기 어려워진다. 아니면 경쟁을 위한 수단으로 비교를 사용하기도 한다. 하지만 경쟁과 비교는 분명히 다르다. 앞서 말한 대로 가치중립적으로 비교를 바라볼 필요가 있다. 이후 이어질 이야기에도 이 점을 꼭 기억해 주길 바란다.

사랑이 아름다운 이유

사랑과 머리카락

인간이 겪어야 할 감정이나 경험 중에 예상과 다른 그 폭과 깊이 때문에 가장 당황스러운 것이 '사랑'이다. 우선 이 글에서 말하려고 하는 사랑의 범위가 어디까지인지 제한해야 할 필요가 있다. 왜냐하면 사랑이라는 범주에 포함할 수 있는 모든 것을 필자의 미미한 능력으로 풀어내는 일은 불가능할 뿐만 아니라, 이렇게 짧은 글을 통해 함부로 해석해서도 안 되는 것이 사랑이기 때문이다. 그렇다고 사랑을 입에 올리는 것조차 막는다면 오히려 큰 문제가 발생한다. 언제나 그렇듯이 오독과 남용의 시작은 폐쇄와 단절이다. 반대로 건강한 사유의 시작은 '다름'을 인정하는 자유로운 분위기다. 이런 맥락에서 사랑의 의미에 접근해 보려고 한다. 머리카락과 함께.

사실 요즘은 사랑이 없는 관계나 장소를 찾는 일이 더 어렵다. 사람과 사람 사이는 물론이고 사람과 사물, 사람과 생각, 사람과 장소 사이에도 사랑은 존재한다. 부모님과 동생, 고등학교 단짝 재원이와 처음 같이 아르바이트했던 성진이, 유재하와 커트 코베인, 카뮈의 반항과 맹자가 강조했던 의義, 떡볶이와 김말이, 속초 해안 길과 부석사 그리고 첫사랑 그녀(지금 생각나는 사랑의 추억을 나열해 봐도 이렇게나 많다). 한 가지 더, 가장 중요한 말은 꼭 마지막에 하기 때문에 한국말은 끝까지 들어봐야 한다. 즉, 필자가 말하고 싶은 사랑은 연인 사이의 사랑이다. 연애를 겪어 본 사람이라면 알겠지만 변함없는 사랑이나 영원한 사랑처럼 허망한 기대도 없다. 그럼에도 매번 우리가 새로운 사랑을 꿈꾸는 이유는 무엇 때문일까.

'밥은 왜 저렇게 먹는 거야.'

'숨소리만 쓸데없이 커.'

'걸음걸이도 몹시 거슬려.'

'사귄 지 얼마나 됐지?'

'사랑이란 글자 모양만 봐도 이제 지긋지긋해.'

우습고 슬프지만, 연인 관계의 종말을 감지한 사람이라면 한 번쯤 해 본 생각들이다. 코스모스의 영원한 시간 앞에서는 물질(원소)도 생명으로 진화했다. 따라서 당연하게도 사랑은 염증과 권태로 바뀔 수 있다. 진화의 세계에서 변화는 긍정적이고 가치 있는 개념이지만, 연애의 세계에서 사랑이 변한다는 사실은 서로에게 안타깝고 불행한 일이다. 당신을 설렘의 숲속으로 이끌었던 그(녀)의 순수한 마음과 행동은 공감하기 어려운 유치함으로 변하고, 뜨거운 열정의 늪으로 빠뜨렸던 그(녀)의 입술과 목소리는 불편하고 한심한 조건이자 신경질을 자극하는 원인일 뿐이다. 이런 상황에 부딪힌다면 연인 사이의 거리는 멀어질 수밖에 없고, 급기야 서로를 불안한 존재로 인식하기 시작한다.

연인 사이의 사랑이 이렇게 불안한 근본적인 이유는 당신뿐만이 아니라 상대방도 '자유의지'를 갖고 있는 독립적 존재라는 사실에 있다. 사랑의 대상이 사물이나 관념적인 것이 아니라 실존하는 인간, 즉 타인이기 때문이다. 당신이 최선을 다해 사랑에 몰입한다고 해서 상대방도 반드시 그럴 것이라는 보장은 어디에도 없다. 고독한 카페 출입문을 아무리 오랫동안 쳐다봐도 그 사람이 올지 안 올진 그 누구도 알 수 없다. 단지 애인의 약속을 지킨다는 마음에 온전히 기대할 수밖에 없다. 하지만 바로 그런 이유 때문에 사랑은 아름답다고 할 수 있다. 마치 우리는 모두 미래의 어느 날 반드시 죽는다는 사실을 알고 있지만, 부단히 삶을 이어가는 모습이 아름다운 것처럼 말이다.

질투, 분노, 증오, 복수 그리고 무관심까지 사랑과 대립적인 관계에 있는 감정들을 자세히 들여다보면 공통적으로 빠진 것이 있다. 바로 '호혜성互惠性'이다. 호혜성이란 서로 혜택을 누리게 되는 성질을 말한다. 바꿔 말하면 사랑을 목적이 아닌 단지 수단으로 대할 때 부정적인 감정의 씨앗은 싹을 틔운다. 사랑하는 사람이 약속 장소로 올 수도 있고 안 올 수도 있지만, 연인과의 관계를 믿고 기다리는 마음에는 사랑이라는 호혜싱이 있나. 상대방이 약속을 지키지 않아도 온전히 기다렸던 그 자리는 이미 아름다움으로 가득하다. 그 자리는 이제 스치듯 지나칠 수 있는 장소가 아니라 내가 당신을 오롯이 기다렸던 바로 그 자리다. 그런 점에서 사랑은 호혜성이 있기에 그토록 아름다운 것이다.

<=

지긋지긋한 게 또 하나 있다. 머리카락, 쓸쓸한 나만의 공간에서 고독함을 온전히 느끼고 싶지만 조금만 방심하면 여지없이 나타나 당신을 방해한다. 빗자루를 활용해서 쓸어 보기도 하고 머리카락 청소 전용 테이프를 이용해 치워도 보지만 지겹도록 없어지지 않는다. 진공청소기도 소용없다. '머리카락이 빠진다'라는 표현으로는 부족하다. '그냥 생긴다'라는 말이 오히

려 적확하다. 무에서 유를 창조한다는 말이 있는데, 예술 작품이 아니라 머리카락에 정확히 어울리는 문장이다. 증명된 논문이나 학설은 없으나 무성 생식이나 자가 분열하는 게 분명하다. 이렇게 귀찮고 짜증 나는 존재가 나의 일부였다는 사실은 더욱 믿을 수 없다.

그래도 나의 흔적이니 좋게 생각하려고 해 보지만 머리카락이 군집해 있으면 싫은 감정을 넘어 혐오스럽다. 저렇게 이상한 것이 내 머리 위에 붙어 있었다는 상상조차 불쾌하다. 특히 샤워 후 배수구에 모여 있는 머리카락은 분명 나의 것임이 틀림없을 텐데도 쉽게 손이 가지 않는다. 어릴 때에는 내 것이 아니라는 듯 무시했다가 필자의 등짝은 남아나질 못했다(어머니 사랑하고 감사합니다). 하지만 재미있게도 머리카락이 우리 신체의 한 부분으로 존재할 때는 이보다 소중한 것이 또 없다. 아마 인간이 살면서 가장 공을 들이는 신체 기관이라고 해도 크게 틀린 말은 아니다.

평생 동안 감고, 빗고, 쓸어 넘기고, 다듬고, 만지고, 꾸민다. 사회적 동물인 인간에게 머리카락은 잘 다루어야 할 대상이다. 세련된 헤어스타일은 사회적 지위나 위치를 상징할 뿐만이 아니라 이성에게 다가갈 때도 중요한 요소이다. 우리가 그토록 '탈모'에 민감한 이유를 생각해 보면 더욱 확실하게 이해할 수 있다. 따라서 남성이든 여성이든 건강한 머릿결은 그 사람을 매력 있게 만드는 데 중요한 역할을 수행한다. 같은 머리카락이지만 어디에 존재하느냐에 따라 상전벽해처럼 차이 나는 역설은 우습고 재미있지만 한편으론 안타깝다. 그리고 빽빽한 머릿결도 예쁘지만 눈같이 뽀얀 백발도 충분히 아름답다. 사랑이라는 감정처럼 말이다.

"

사랑은 호혜성이 있기에
아름다운 것이다.

끝없이 청소해도 사라지지 않는 머리카락은 사랑을

닮았다. 다시는, 절대로, 그 누구도, 사랑하지 않을 것이란 다짐은 또 다른 사랑 앞에서 봄눈처럼 녹아내린다. 절대 사라지지 않을 사랑과 머리카락, 벌써 유사점을 하나 발견했다. (상상하기 싫지만) 만약 사랑할 수 있는 기회가 단 한 번뿐이라면 어떨까? (더욱더 상상하기도 싫지만) 만약 머리카락이 단 한 번만 자란다면 어떨까? 다행히 둘 다 그렇지 않다. 그렇지만 둘 다 영원한 것은 아니다. 우리는 사랑과 머리카락을 영원한 것처럼 착각하기도 한다. 단 한 번뿐일 수 있다는 간절한 마음을 돌이켜 볼 때 사랑과 머리카락의 소중함도 알 수 있지 않을까.

앞서 살펴봤지만 처음 그 사람을 매력적으로 만들었던 눈빛, 말투, 태도가 이별의 결정적 원인이 될 수 있다. 비슷하게 머리카락도 어디에 위치하는가에 따라 관리의 대상일 수 있지만 혐오의 대상일 수도 있다. 멋 부리며 빗어 넘기던 당신의 머리카락을 하수구에서 만나면 눈살부터 찌푸린다. 그럼에도 사랑과 머리카락은 여전히 매력적이다. 사랑하는 연인이 남기고 간 머리카락에서 우리는 그리움을 느낀다. 그 머리카락에는 사랑의 추억이 담겨 있기 때문이다. 정처 없이 기다렸던 장소가 아름다움으로 가득했던 것처럼 그(녀)가 남긴 흔적 덕분에 타인을 사랑한다는 게 무엇인지 다시 생각한다.

만약 누군가 사랑과 머리카락의 비교가 무슨 쓸모가 있냐고 물어본다면, 우선 간단하게 '아무 쓸모 없다.'라는 대답을 내놓겠다. 애초에 유용함을 위해 둘을 비교한 것은 아니었다. 다만 길가에 핀 민들레처럼 흔하다고 하찮은 것은 아니라는 말을 하고 싶었다. 요즘은 사랑도 머리카락만큼이나 흔하디흔한 취급을 받고 있다. 소설, 잡지, 웹툰, 드라마, 영화 등등 인간이 접할 수 있는 모든 매체가 사랑으로 넘쳐 난다. 사랑을 소중한 감정이 아니라 통과의례쯤으로 취급하기도 한다. 배수구의 머리카락과 다를 게 없다. 아니면 '신념'이란 단어처럼 쾌쾌한 서재 구석에 꽂혀 있는 고서를 보듯이 바라보기도 한다. 꼰대 같은 생각이지만, 사랑과 머리카락의 소중함은 바로 그런 고지식함에 있다고 생각

한다. 일방적인 관계가 아니라 호혜성에 사랑의 진정
한 아름다움이 숨어 있다.

당신은 운명을 믿습니까

《오이디푸스 왕》과 <올드보이>

운명이 인간에게 어떤 의미인지 알아보려면 아주 멀리까지 거슬러 올라가야 한다. 니코스 카잔자키스의 소설 《그리스인 조르바》의 배경이기도 한 크레타섬은 서양 문명의 발상지다. 그가 묘사한 크레타섬은 지나치게 아름다워서 쓸쓸했다. 절제와 수려함을 오고 가는 대가의 문장을 읽고 있으면 에게해_{Aegean Sea}의 여유를 제대로 느낄 수 있다. 제피로스의 아늑한 입김과 헬리오스의 눈빛처럼 찬란한 축복으로 가득한 지중해의 낭만은 크레타섬을 포근하게 감싼다. 그래서일까, 사람들은 크레타로 모였고 자연스럽게 문명도 낳았다. 권력이 진공을 허용하지 않는 것처럼 앞선 문명은 공백을 허락하지 않고 퍼져 나갔다. 결국 지중해 북쪽 반도에 이르러 아테네와 스파르타라는 폴리스를 탄생시킨다. 고대 그리스는 아마 이렇게 시작했을지 모른다.

종교도 과학도 없던 고대 그리스에서 가장 중요한 것은 신화였다. 인간의 능력으론 감당할 수 없는 자연의 무위無爲와 이해할 수 없는 인생의 오묘함을 설명하는 데 신화만큼 적절한 것이 없었다. 특히, 평생을 고민해도 제대로 알 수 없었던 인간의 운명을 설명하기 위해 많은 철학자가 도전했지만 '신탁'의 유명세를 넘어서진 못했다. 아테네의 가장 위대한 지도자로 칭송받던 페리클레스Pericles가 펠로폰네소스 전쟁을 결심하는 데 결정적인 영향을 미친 것도 아폴론 신전의 신탁이었다. 이렇게 당시 폴리스(국가)의 중대한 결정에 앞서 신의 의사를 물어보는 것은 당연하고 자연스러운 일이었다. 테베라는 폴리스의 오이디푸스 왕도 자신의 기구한 운명을 알기 위해 아폴론에게 향했다. 하지만 기대와 다르게 운명이 아니라 '비극'이라는 대답을 듣는다.

>=

소포클레스Sophoklēs는 아이스킬로스, 에우리피데스와 함께 고대 그리스 3대 비극 시인 중 한 명이다. 아테네의 부유한 기사 신분으로 태어났으며 탁월한 재능 덕분에 시인과 정치인으로 명예로운 일생을 보낸다. 일례로 비극 경연 대회인 디오니소스 축제에 참여해서 18번이나 우승한 그는 작가 중의 작가였다. 아울러 평생 123편의 희곡을 쓴 것으로 알려졌으나 현존하는 것은 7편뿐이다. 그의 대표 작품은《오이디푸스 왕》으로 아리스토텔레스가 '비극의 전형'이라고 극찬할 만큼 위대한 작품으로 평가받는다. 또한 작품에서 화려함보다는 정교하고 치밀한 대화와 탄탄한 서사구조를 추구한 것으로도 유명하다. 한 마디로 소포클레스가 비극을 완성했다고 할 수 있다.

호메로스를 비롯해 오이디푸스 왕을 소재로 작품을 쓴 시인은 여럿 있었지만, 소포클레스의 비극이 가장 압도적이다. 《오이디푸스 왕》의 서사를 간략하게 정리하면 이렇다. 테베의 선왕이자 오이디푸스의 친아버지는 자기 아들에게 목숨을 잃을 것이라는 신탁을 듣는다. 그렇게 아들인 오이디푸스는 버림받지만 운 좋게도 이웃 나라 코린트의 왕자로 입양된다. 마침 자식이 없던 코린트의 왕은 오이디푸스를 친자식처럼 아끼고 기른다. 어느덧 장성한 오이디푸스는 자신이 입양됐다는 소문을 듣고 고민하다가 진실을 알아보기 위해 아폴론 신전을 찾아가지만 "아버지를 죽이고 어머니를 범한다."라는 착잡하고 이상한 대답을 듣는다.

결국 자신의 처참한 운명을 거부할 목적으로 코린트를 떠나는 오이디푸스, 우연히 길가에서 다시 만난 친아버지를 죽여 버린다. 안타깝게도 정처 없이 흐른 세월 때문에 아버지와 아들은 서로를 알아보지 못했다. 이후 테베의 골칫거리였던 스핑크스(그 유명한 스핑크스의 수수께끼를 단번에 맞춘다)를 처치한 오이디푸스는 자신의 어머니와 결혼하며 테베의 왕으로 등극한다. 무심한 시간은 잔혹한 운명과 함께 어머니와 아들의 관계도 왜곡시켰다. 우여곡절 끝에 오이디푸스는 자신이 아버지를 죽이고 어머니를 범한 사실을 깨닫는다. 이러한 사실을 알고 자결을 선택한 어머니의 충격적인 모습을 보고 오이디푸스는 자기 두 눈을 스스로 찌른다. 이후 그는 불구의 몸으로 딸(안티고네)과 함께 기나긴 고해의 여정을 떠난다.

소포클레스는 이 끔찍한 이야기를 통해서 우리에게 무엇을 말하고 싶었을까? 결과적으로 오이디푸스가 비극의 주인공인 이유는 그의 성품과 같은 인간 고유의 특징이 아니라 '신탁'을 거부하려고 했기 때문이다. 다시 말해 신의 계시가 아니라 상식적인 판단을 따랐기 때문이다(미래의 유명한 심리학자가 오이디푸스 콤플렉스를 설명할 것을 예상하고 이를 뒷받침할 든든한 이론적 배경으로 작품을 구상했을 것이라는 공상과학적인 상상을 보탠다). 만약 오이디푸스가 지독한 악인이었다면 이야기의 결말이 이토록 비참하게 다가오지는 않았을 것이라고 본다. 그는 현시대를 기준으로 판단하더라도 매우 평범한 사람이었다. 오히려 선한 사람에 더 가깝다고 할 수 있다.

단지 자신의 운명을 스스로 결정할 수 있다는 확신, 다시 말해 자존감이 쓸데없이 높았다는 점이 문제였다. 하지만 주체적인 인간은 신들에게 불편한 존재다. 인간의 운명을 결정할 권한은 오직 신에게 있고, 이를 순종적으로 받아들일 때 관습이라는 질서는 유지된다. 오만과 만용으로 점철된 자신의 일생을 후회하며 신의 계시를 운명으로 받아들이는 것으로 이야기가 마무리되었다면《오이디푸스 왕》은 교조적인 옛날 이야기로 남았을지 모른다. 그저 그런 권선징악과 지겨운 사필귀정은 흔한 만큼 쉽게 잊힌다. 그러나 모든 것이 신탁대로 이루어졌을 때 오이디푸스는 가만히 있지 않았다.

자기 눈을 버리며 그가 지키려고 한 것은 인간의 존

엄성이었다. 오이디푸스의 결말은 다만 끔찍하기 때문에 기억되는 것이 아니다. 자신의 두 눈을 멀게 한 오이디푸스의 행위는 신을 향한 소포클레스의 강력한 저항이자 질문이다. 보지 못한다는 결핍은 또 다른 세계로 나가는 첫걸음이기 때문이다. 이제는 자신의 존엄함을 지키기 위해 목숨도 내놓을 수 있는 것이 인간이다. 거역할 수 없는 운명을 극복하기 위해 애쓰는 인간의 의지보다 아름다운 것은 없다. 소포클레스는 인간의 의지로 신의 부조리함을 넘어설 수 있다고 생각한 게 아니었을까? 그는 운명을 그렇게 바라봤다.

"

자기 눈을 버리며 그가 지키려고 한 것은
인간의 존엄성이었다.

〈기생충〉(2019)은 봉준호 감독의 한심한 자본주의

를 향한 유쾌한 조소였다. 전 세계는 그의 주장에 적극적으로 동의했고 인정했다. 물론 필자도 그 동의에 한 표 더했다. 그렇지만 필자가 가장 사랑하는 봉준호 감독의 영화는 아직도 〈살인의 추억〉(2003)이다. 적어도 7번은 넘게 봤다. 이렇게 평생을 함께할 인생 영화에 등극한 〈살인의 추억〉을 뛰어넘는 영화가 또 있었으니 바로 박찬욱 감독의 〈올드보이〉(2003)다. 좋은 영화를 넘어 '영화를 보는 태도'에 극적인 변화를 일으킨 영화였다. 워낙 유명한 영화이기 때문에 줄거리를 소개하지는 않겠지만, 처음 봤을 때의 경험만은 말하고 싶다. 충격 그 자체! 잊을 수 없는 대사도 있다. "오늘만 대충 수습하며 살아서 오. 대. 수."

처음 볼 때는 몰랐지만 오이디푸스의 서사를 각별히 인식한 다음부터 '오대수'는 다르게 보였다. 오대수와 오이디푸스는 절묘하게 닮았지만, 또 절묘하게 다르다. 박찬욱 감독의 머릿속을 들여다볼 수는 없겠지만, 그가 소포클레스의 비극을 전혀 몰랐다는 말은 믿기 어렵다. 확증 편향이 아니길 간절히 바라지만, 오대수(최민식)와 오이디푸스 그리고 이우진(유지태)과 아폴론은 서로 유사성이 많아 보여서 비교할 수밖에 없었다. 과장을 조금 보태서 말하면 〈올드보이〉의 원작은 일본 만화가 아니라 《오이디푸스 왕》으로 보였다. 〈올드보이〉는 모든 상황에서, 심지어 운명이 자신에게 공격을 가한 상황에서조차 인간은 자신의 위대함을 유지할 수 있음을 보여 주었다. 즉, 박찬욱 감독도 운명은 믿지 않았다.

이외에도 겹치는 캐릭터가 많다고 생각한다. 더욱이 두 작품 모두 주인공은 각각 혀와 눈을 자신에게서 떼어 냄으로써 비극적 운명에 맞선다. 무한한 네트워크의 세계를 돌아다녀 보니 예상대로 이런 관점에서 작품을 해석한 영화 평론가가 이미 있어서 살짝 실망한 것도 사실이다(필자만의 특별한 관점은 아니라는 뜻에서). 박찬욱 감독은 소포클레스와 어떤 대화를 나누었을지 궁금하다. '자유로운 지성을 존중하는 사회 분위기야말로 문명 발달의 시금석이다.'라는 말처럼 소포클레스는 박찬욱 감독에게 스승이자 경쟁자가 아니었느냐는 상상의 나래를 펼쳐 본다. 그런 점에서 3,000여 년의 시간의 강을 건너《오이디푸스 왕》과 〈올드보이〉를 보는 관객들은 각각 어떤 감정을 느꼈을지 궁금하다. 고대 그리스 비극의 우수성은 바로여기에 있다.

익숙한 맛의 정체

김치찌개와 된장찌개

 맛의 세계에서 '익숙함'보다 무서운 건 없다. 고급 레스토랑에서 스테이크를 먹어도, 집에 와서 찾는 건 결국 다정한 라면 한 그릇이다. 해외여행에서 평생 한 번 먹기도 힘든 산해진미를 경험해도, 인천 국제공항에 들어오면서 제일 먹고 싶은 건 역시 칼칼한 김치찌개다. '월화수목금금금'을 스테인리스 식판으로 버티던 자취생들이 주말마다 그리워하는 건 검은 플라스틱 용기에 담긴 배달 음식이 아니라 어머니가 차려 준 된장찌개와 따끈한 밥 한 공기다. 화려한 기술, 신선한 재료, 특별한 소스 등 음식의 맛에 결정적인 영향을 미치던 요소들도 익숙한 맛 앞에서는 모두 무릎을 꿇는다. 당연하고 자연스러워서 그냥 넘겼겠지만 가만히 생각해 보면 신기한 현상이다. 익숙한 맛, 왜 그토록 강력한 것일까?

어려서부터 오랫동안 먹어 온 맛은 단순한 음식의 맛이 아니다. 그 맛에는 삶의 추억이 담겨 있다. 학교에서 돌아오자마자 "엄마 배고파."로 인사를 대신할 정민이 생각에 시장 보러 가는 어머니의 분주한 발길, 보글보글 된장찌개에 담긴 두부 먹을 생각에 세상 신난 정민이의 하굣길, 밥상 앞에서 떠들면 안 된다고 했지만 식사 때마다 재잘대는 정민이의 수다가 싫지만은 않았던 아버지의 퇴근길, 우리 가족의 오늘 저녁 식사의 메인 메뉴는 된장찌개다. 서로를 아끼고 보살폈던 가족의 단란한 저녁 식사 한 끼는 그렇게 평생 잊지 못할 인생의 맛이 된다. 이번에는 음식 이야기를 하려고 한다. 정확히는 김치찌개와 된장찌개다.

훈훈한 분위기에 찬물을 끼얹는 것 같아 미안하지만 익숙한 맛에 끌리는 이유를 잠시 과학적으로 생각해 보자. 먼저 인간이 맛을 느끼는 과정을 간략하게 살펴보려고 한다. 인간은 미각味覺 덕분에 맛을 구별할 수 있지만, 미각이 맛을 느끼는 기능을 전적으로 담당하는 건 아니다. 후각, 촉감, 목 넘김, 질감 등 다양한 요소가 복합적인 과정을 거쳐서 최종적인 '맛'을 느낀다. 구체적으로 살펴보면 씹는 과정에서 분해된 음식이 물이나 타액과 섞여 혀에 분포된 미뢰Taste Bud(맛 수용기)를 통해 들어온다. 이를 미각 신경을 통해 대뇌피질에 전달하면 뇌는 맛을 인식한다. 예상한 대로 맛은 혀가 아니라 뇌에서 느낀다.

더욱 흥미로운 것은 맛별로 느끼는 뇌 부위가 따로 있다는 점이다(2011년 미국 컬럼비아대 찰스 주커 교수 연구팀은 각각의 맛을 느끼는 뇌세포 피질이 따로 있다는 것을 발견했다). 게다가 뇌는 기존에 저장했던 맛과 지금 인식한 맛을 비교 분석해서 인간의 다음 행동을 유도한다. 정체가 파악된 맛은 편도체扁桃體, Amygdala까지 전달된다. 편도체는 뇌에 있는데, 감정을 조절하고 공포와 불안을 기억하는 데 중요한 역할을 한다. 즉, 정서를 처리한다고 보면 되는데 파악된 맛의 가치를 판단하는 게 편도체라고 할 수 있다. 추억의 맛, 익숙한 맛의 실체는 편도체에 있었다. 이런 맥락에서 "그래 이 맛이야."라는 광고 카피가 얼마나 탁월한 표현인지 알 수 있다. 익숙한 맛의 영향력과 인간이 맛을 인식하는 메커니즘을 절묘하게 섞어 놓았다. 반대로 우리의 무의식까지 점령해서 이익을 추구하려는 자본주의의 악랄함이 느껴져서 섬뜩하기도 하다.

인문학적으로 말하자면 김치찌개와 된장찌개는 한국인의 정체성이라고 할 만큼 익숙한 음식이다. 동시에 위로와 격려를 건네는 소울푸드다. (다양성을 추구한다는 취지에서) 앞서 살펴본 정보를 바탕으로 과학적으로 말하자면 많은 한국인의 편도체에는 김치찌개와 된장찌개의 맛이 강렬하게 각인되어 있을 가능성이 매우 높다. 아울러 우리가 추억의 맛이나 익숙한 맛에 끌리는 정서적 반응의 과학적인 근거가 밝혀진 셈이다. 두 음식을 너무 논리적으로 접근했기 때문에 정작 필자가 하고 싶은 말과 멀어진 감이 없지 않지만, 막연히 그렇지 않겠느냐 '짐작'에서 합리적 설명이 가능한 '예측'으로 나아갈 때 우리의 사유는 좀 더 긍정적인 방향으로 나아간다.

<=

그럼 본격적으로 두 음식을 비교해 보자. 우선, 지금까지 된장찌개에 비해 김치찌개에 관한 언급이 부족해서 서운했을 김치찌개 취향 독자들에게 선언한다. 한국인의 소울푸드는 단연코 김치찌개다(이 글의 주인이 김치찌개를 더 좋아한다)! 그리고 주인공은 항상 마지막에 등장하는 법이다. 편협하다고 비난해도 어쩔 수 없다. 서로의 취향을 존중할 때 우리는 문명사회로 한 발짝 다가갈 수 있기는 개뿔, 무조건 김치찌개가 최고다(죄송합니다). 흥분한 마음을 가라앉히고 김치찌개의 매력을 차분히 점검해 보자. 시큼한 묵은지에는 그 깊이를 짐작할 수 없는 세월과 계절이 배어 있기에 인정할 수밖에 없는 맛이 있다. 배추의 씨앗이 대지에 뿌려질 때부터 당신의 혀에 닿을 때까지 김치가 겪은 고단한 과정을 '맛있다'라는 말로 표현하기에는 분명 부족한 면이 있다.

더군다나 이 묵은지를 돼지고기와 함께 소복이 끓여 내면 감칠맛은 배로 증가한다. 여기다 갖은 야채와 얼큰한 고춧가루까지 얹으면 화룡점정이다. 뽀얗고 뜨끈한 밥 한 순갈에 잘 익은 김치와 돼지고기를 올려서 입에 넣으면 천국이 따로 없다. 짭조름하면서 시큼한 뒷맛은 말 그대로 밥도둑이다. 김치찌개를 더 먹으려고 밥을 먹고, 밥을 더 먹으려고 김치찌개를 먹는다. 행복한 선순환이란 바로 이런 것, 깐깐한 외할머니 입맛도 맛깔난 김치찌개와 함께라면 밥 한 공기 뚝딱이다. 김치찌개의 매력은 여기서 멈추지 않는다. 끼니때마다 새로 만들 필요 없이 어제 먹고 냉장고에 넣어 두었던 김치찌개를 그대로 불에 잠깐 올리면 그만이다. 신기하게도 다시 끓일수록 더 맛있어진다.

냄비 바닥에 남은 김칫국물이 아까워서 밥을 말아 본 사람은 안다. 왜 김치찌개를 한국인의 소울푸드라 부르는지. 고개가 절로 끄덕여지는 맛, 한국인의 감성을 적시는 바로 그 맛이다. 오늘처럼 비가 추적추적 내리면 어머니의 퉁퉁거리는 칼질 소리가 더욱 그립다. '보글보글, 퉁퉁, 휘리릭 툭탁' "정민아 저녁 먹게 동생이랑 아버지 불러와, 얼른." 아마 당신의 편도체에는 김치찌개의 맛만 담겨 있는 게 아닐지도 모른다. 그날 날씨와 분위기, 음식을 나눠 먹었던 사람들과의 행복한 대화, 알게 모르게 서로를 위하고 있었다는 감정의 확인까지 함께 저장되어 있지 않을까? 맛있었다는 기억을 넘어 행복했기 때문에 뇌에 더욱 깊숙이 각인된다. 그래서 우리는 익숙한 맛을 추억의 맛이라고 부른다.

“

비교의 목적은 선별이나 구분이 아니라
공감과 인정에 있다.

==

　김치찌개의 매력에 빠져 기억의 저편으로 사라진 것
같지만 아직 된장찌개가 남아 있다. 사실 김치찌개에
대적할 상대로 된장찌개만 한 것이 없다. 묵은지 못지
않게 세월의 풍파를 온전히 담고 있는 음식이 된장이
다. 콩을 밭에 심을 때부터 된장찌개로 승화하는 순
간까지 기적의 연속이다. 콩에서 메주로, 메주에서 다
시 된장으로 바뀌는 숙성의 과정은 나비가 알에서 애
벌레와 번데기를 거쳐 성충이 되는 생명의 탄생 과정
과 견줄 만하다. 은은한 중불에 맑은 물을 끓인다. 물
이 끓는 사이에 애호박, 감자, 양파 등 취향에 따라 갖
은 야채를 송송 썰어 준비한다. 된장 한 숟갈에 고추장
반 숟갈을 미리 섞어 놓는 것이 비법이다. 이 특제 양

넘을 맑은 물에 풍덩, 여유가 있다면 가는 체에 걸러서 깔끔한 맛을 더해도 좋다. 화력을 올리고 미리 손질한 야채를 넣고 마무리한다. 심심한 듯 감칠맛을 내는 게 포인트다. 마지막에 두부 반 모를 올리면 금상첨화다.

된장찌개도 뜨끈한 밥과 잘 어울린다. 밥에다 쓱쓱 비벼 먹을 때가 일품이다. 여기에다 겉절이 하나를 올리면 우리가 익히 알고 있고, 꿈꾸던 바로 그 맛이다. 숟가락과 젓가락이 바빠질 수밖에 없다. 그런데 된장찌개든 김치찌개든 상관없이 어울리는(마음에 걸리는) 음식 재료가 하나 있다. 하얗고 고소한 두부, 정확하게 무슨 맛인지 표현하기 힘들지만 두 음식에 들어가면 더욱 풍성한 맛을 느낄 수 있다. 김치인지 된장인지는 선택하기 힘들지만, 두부를 넣을 것인지에 대한 문제에서는 대부분 찬성을 선택한다. 자신의 맛보다 김치와 된장의 맛을 살려 낼 줄 아는 두부이기에 더욱 소중한 재료이다.

두 음식의 경쟁 관계를 바라보는 것과 둘을 아우르는 두부의 역할을 바라보는 것 중에 무엇을 선택할지는 당신에게 달려 있다. 더욱이 그 차이는 크고 중요하다. 익숙한 맛의 영향력도 살펴봤지만, 이는 어디까지나 좋고 싫음을 다루는 취향의 문제이지 옳고 그름을 따지는 가치관의 문제는 아니었다. 즉, 익숙함과 올바름은 비교 대상이 아니다. 하지만 경쟁에 익숙해서 두부처럼 남을 도와주려는 사람을 '호구'로 취급하는 것이 현실이다. 필자는 그들을 경쟁에서 뒤처진 우울한 존재로 치부할 것이 아니라 선한 영향력을 마음껏 펼칠 수 있게 응원해야 한다고 생각한다. 왜냐하면 비교의 목적은 선별이나 구분이 아니라 공감과 인정에 있기 때문이다. 두부의 소중한 맛이 그리운 계절이다.

삶은 파이다

파이, Pie, π

"그 파이다 치아라."

처음 보는 대학 선배가 술자리에서 툭 던진 말, 이제는 정겹고 익숙한 경상도 사투리지만 처음 들었을 때의 생경함은 아직도 똑똑히 기억한다. 어느 정도 감은 오지만 정확히 무슨 뜻인지 알아들을 수 없었다. 평생 써 온 언어를 해석해야 알아들을 수 있다는 낯선 경험은 흥미롭기까지 했다. '땅이 파였다'와 같이 표준어에 정의된 '파다'의 피동 행태인 '파이다'는 경북지방에서는 '별로다' 혹은 '좋지 않다'라는 뜻으로 쓰인다. 주의

할 것은 단호한 '싫다'보다는 완곡한 표현이라는 점이다. 좋은 것과 싫은 것 사이 어딘가에 있지만 싫은 것에 훨씬 가까운 표현이다. 예를 들어 친구가 "니 오늘 그 옷 파이다."라고 했다면 그 친구 마음에 들지 않는 정도이지 절대 입으면 안 되는 옷은 아니라는 말이다.

사투리, 즉 방언方言, Dialect은 한 언어에서 사용 지역 또는 사회 계층에 따라 분화된 말의 체계를 일컫는다. '파이다'의 정확한 어원은 밝혀지지 않았다. 다행히 국립국어원 게시판에 필자와 비슷한 의문을 가진 사람이 있었다. 하지만 공식적인 대답은 '관련된 정보가 없다'였다. 그러나 가장 설득력 있는 주장은 '장이 파했다'에서 '파하다'라는 말의 경상도식 억양이 '파이다'로 변했을 것이라는 설명이다. 물론 이는 어디까지나 추측일 뿐이다. 그 유례는 알 수 없으나 '파이다'가 '나쁘다'와 비슷한 뜻을 가졌다는 사실은 훈훈하고 재미있다. 하지만 한편으론 필자에게 고마운 사실이기도 하다. 왜냐하면 앞으로 살펴볼 '파이'들과 비교할 거리가 많기 때문이다. 우리 주변에는 또 어떤 파이가 있을까? 그것들의 차이점과 공통점에서 우리는 무엇을 얻을 수 있을까?

>=

파이Pie는 구운 과자의 일종이다. 국어사전은 파이를 '밀가루와 버터를 개어 과일, 고기 따위를 넣고 구워서 만드는 서양과자'라고 정의한다. 혹시나 해서 케임브리지 영어사전도 뒤져 보니 'a type of food made with meat, vegetables, or fruit that is covered in pastry and baked'로 비슷하다. 원래 파이라는 이름은 쇼트 페이스트Shortcrust Pastry(쇼트 페이스트는 비스킷 반죽을 말한다. 쇼트한 페이스트를 일컫는데 여기에서 쇼트란 '짧다'라는 뜻이 아닌 '사각사각한 식감'을 나타낸다)로 만든 접시 모양의 받침에 여러 가지 재료를 얹어 구운 음식을 칭한다. 이 과자의 본고장은 영국과 미국이며 유사한 것으로는 프랑스의 타르트가 있다.

착각의 시작은 퍼프 페이스트리Puff Pastry였다. 여러 겹으로 된 바삭한 과자를 뜻하는 퍼프 페이스트리를 일본은 그냥 '파이'로 받아들였다. 흔히 후식으로 알고 있는 이 음식이 일본을 통해 우리나라로 건너오면서 비슷한 것은 모두 파이가 되는 기현상이 발생한다. 이제는 전문적인 제조업자는 물론이고 일반 소비자에게도 '파이'는 서양과자를 일컫는 대명사로 자리 잡았다. 상품 경쟁력에 가장 중요한 요소가 시장 점유율인 것처럼, 이미 익숙한 것을 바꾸기란 쉽지 않은 일이다. 하지만 덕분에 초코파이가 탄생했으니 충분히 용서할 만하다(절대 광고 아닙니다). 국민 간식이라는 말이 불편하다면 군인들의 안식처라는 말에는 모두 동의할 것으로 본다. 필자에게도 부조리한 군 생활의 마지막 보루는 초콜릿 맛 파이였다.

늦었지만 진지하게 고백한다. 우선, 필자는 무교임을 밝힌다. 하지만 군인 신분일 때는 모든 종교를 사랑했다. 정확히는 초콜릿 맛 파이를 철저하게 믿었다. 하여 주일마다 초코파이를 나눠 주는 종교활동에 적극 참여했다. 한마디로 초코파이를 먹기 위해 종교를 믿는 척했다는 말이다. 필자에게 간사하다며 돌을 던지겠다면 달게 받겠다. 하지만 자존감 낮은 사람이 고되고 불합리한 생활을 견디겠다며 일주일에 한 번 달콤한 파이에 위로를 얻는 일이 그렇게 나쁜 일인지는 모르겠다. 물론 진정성 있게 종교를 대하지 못한 점은 지금도 깊이 반성하고 있다. 따뜻한 말씀과 차분한 분위기도 분명 도움을 줬겠지만, 초코파이의 위로를 넘어선다고 할 수는 없었다. 만면에 미소를 지으며 달달한 파이를 먹는 동료들만 봐도 알 수 있었다. 파이는 위로 그 자체였다.

<=

3.14159265358979323846264338327950288419716
9399375105820974944... 파이 얘기를 하다가 갑자기 웬 소수점 나열? 눈치챈 분도 많겠지만 이건 그리스 문자 'π'로 표기하고 '파이'라고 읽는, 즉 원주율 값이다. 보는 관점에 따라 단순한 숫자만으로 보일 수 있지만 사실 원주율의 역사는 기원전까지 올라가야 할 정도로 깊고 오래됐다. BC 2000년경 바빌로니아인들에게

도 파이는 신비한 것이었다. 이후 이집트의 파피루스, 중국의 고대 문헌, 구약성서 등 문명이 태동했던 곳에는 어김없이 파이가 등장한다. 네모나 세모와 다르게 원은 인간에게 매우 특별했다. 호모 사피엔스가 도구를 발명한 이래로 바퀴는 그 정점이라고 할 만하다. 원이 있었기에 우리는 지금의 문명을 이룩했다고 말해도 과언은 아니다.

한편 최초로 원의 비밀에 과학적으로 접근한 인물은 시라쿠사의 아르키메데스Archimedes였다. 많은 학자는 완벽한 원에 다가가기 위해 고민에 빠져 있었다. 원의 넓이를 정확하게 계산하기 위해서 필요했던 원주율은 근삿값만 존재할 뿐 아무도 단언하지 못했다. 하지만 아르키메데스는 원에 내접한 정사각형과 외접한 정사각형을 이용해 기하학적으로 접근했다. 즉, 원둘레의 길이는 분명 두 정사각형 둘레의 길이 사이에 있을 것이라고 예상했다. 정사각형의 둘레를 구하는 일은 간단하다. 지금은 상식적인 내용이지만 당시에는 상당히 혁신적인 아이디어였다. 게다가 정사각형에서 6,

12, 24, 48각형 등으로 늘릴수록 오차 범위는 점점 줄어든다(미적분의 극한 개념과 비슷하다).

아르키메데스는 최종적으로 π가 233/71과 22/7 사이에 있다는 사실까지 파악한다. 이 결과를 소수 둘째 자리까지 계산해 보면 3.14가 된다. 하지만 3.14에서 3.141로 겨우 한자리를 더 알아내는 데 300년이 넘게 걸린다. 이런 지난한 과정을 거쳐 원주율을 나타내는 기호 π는 1706년 영국의 수학자 윌리엄 존스가 최초로 사용한다. 이것은 둘레를 뜻하는 고대 그리스어 페리페레스περιφερής의 첫 글자를 딴 것이다. 아쉽지만 그렇게 파이의 실체는 상수라는 약속으로 남는다. 정확한 파이 값에 다가가기 위해 인간은 오랜 시간을 투자했지만 아직도 파이는 근삿값만을 사용한다. 원의 완벽함에 매료됐던 인간, 결국 그 완벽함에는 이르지 못했다. 하지만 파이를 향한 열정이 있었기에 지금의 문명이 있다. 따라서 수학의 세계에서 파이는 희망이라고 할 수 있다.

"

우리의 소중한 삶은
파이를 닮았다.

"그래서 파이가 나와 무슨 상관이죠?"라고 따져 묻
는다면 딱히 지금 생각나는 말은 없다. 하지만 "당신
이 관심 없다고 이 세상에 없는 것은 아니다."라는 말
은 하고 싶다. 학교는 경쟁에 있어서 우위에 서는 것만
이 성공의 전부라고 가르친다. 합리적 자본주의를 표
방하던 사회는 조금만 뒤처지면 낙오자라며 손가락질
부터 한다. 이런 분위기에서 보이지 않는 존재를 소중
하게 느끼기란 독후감 숙제보다 어렵다. 그러나 규모
에 상관없이 어떤 공동체든 그것이 원활하게 운용되
기 위해서는 평범한 사람들의 존재가 절대적이다. 사
람들을 이끌고 나아갈 방향을 제시하는 리더가 중요한
만큼, 보이지 않는 곳이지만 꿋꿋이 자리를 지키며 책

임을 다하는 다수의 평범한 사람도 소중하다. 그런 소중한 평범함이 있기에 사회는 유지된다.

마찬가지로 실생활에서 파이의 존재감을 느끼기란 쉬운 일이 아니지만 그렇다고 파이가 없는 것은 아니다. 마음에 안 드는 파이(파이다), 맛있는 파이(Pie), 희망과 열정의 파이(π) 등 우리 주변을 둘러보면 이렇게나 파이가 많이 있다. 이런 흐름에서 우리의 소중한 삶은 파이를 닮았다. 옷을 지적했지만 차마 입지 말라는 말은 못 하는 친구의 다정함이 고맙다. 지치고 괴로울 때 달콤한 맛과 매력적인 감촉으로 위로를 건네는 파이의 맛이 감사하다. 원의 완벽함에 다가가기 위해 기꺼이 인생을 바친 위인들이 있었기에 인류는 미래를 꿈꿀 수 있다. 이런 순간들이 모여 '내'가 됐다. 얼핏 보면 이번 생은 파이다. 하지만 Pie가 있기에 π처럼 나아가라. 한마디로 삶은 파이다.

최초의 조선인,
마지막 고려인

정도전과 정몽주

가을은 더욱 무르익어 산수山水는 그 자태를 한껏 뽐냈다. 살포시 감싸는 바람이 얼굴에 스치기라도 하면 얼큰한 시 한 수 뽑지 않고는 버티기 힘든 하늘이다. 이토록 그윽한 풍광과 어울리지 않게 사뭇 진지한 얼굴로 정원을 거니는 한 남자 있다. 터벅터벅 의미 없는 발걸음은 누군가를 기다리는 것처럼 보인다. 제 선왕齊宣王은 오늘도 맹가孟軻(맹자의 본명)에게 물어볼 것이 많다. 그의 입에서 흘러나오는 언어는 봄의 새싹처럼 포근하지만 동시에 한겨울의 서릿발처럼 매서운 면이 있기 때문이다. 실제로 맹자의 조언으로 국정을 운영하는 데 많은 도움을 받고 있다. 저 멀리 이름 모를 새가 푸드덕 날아오르고, 맹자가 조용한 발걸음으로 다가와 안부를 전했다.

(이하 대화 '선왕'과 '맹자'로 표기)

선왕: 날이 참 좋습니다. 아침부터 이리 찾아서 미안한 마음입니다. 보고 싶어 부른 것이니 용서하시오.

맹자: 괘념치 마십시오. 왕이 청하면 응답하는 게 신하의 당연한 본분입니다. 어인 일로 저를 찾으셨습니까?

선왕: 어젯밤 서책을 보다가 궁금한 것이 있어 그럽니다. 예전에 탕湯 임금과 무왕武王이 자기가 섬겼던 걸桀과 주紂를 멸했다던데 사실이오?

맹자: 네. 제가 읽은 여러 문헌에도 그리 적혀 있는 것으로 보아 사실이라고 사료됩니다.

선왕: 음... 그렇다면 질문을 바꿔보겠소. 신하가 자

신의 임금을 시해하는 것이 가능한 일입니까?

두 사내는 만면에 미소를 머금고 있었지만 조금 전까지의 살가운 분위기와 어울리지 않는 질문에 잠시 정적이 흘렀다.

맹자: 인仁을 해치는 사람을 적賊이라 하고, 의義를 해치는 사람을 잔殘이라고 합니다. 그런 잔인한 도둑을 세상은 범죄자一夫라고 부릅니다. 저는 범죄자를 처벌했다는 말은 들었어도 임금을 시해했다는 말은 들어 본 적이 없습니다.

그의 또렷한 발음과 태도에 제 선왕은 아무 말도 보태지 못했다. 이름 모를 새가 다시 한번 날아올랐을 뿐이다.

(감히 《맹자》 양혜왕 하 8장梁惠王章句下 八章의 내용을 각색한 것입니다. 만약 오독이 있었다면 넓은 아량으로 양해 바랍니다)

58

《맹자》를 여기까지 읽은 삼봉三峯(정도전의 호) 정도전은 아마 자세를 바로잡고 깊은 시름에 빠졌을지도 모른다. 아니면 자기 생각을 성리학의 대가도 지지한다는 사실에 두근대는 마음을 가라앉히려 두 눈을 지그시 감았을지도 모른다. 프리드리히 엥겔스Friedrich Engels가 카를 마르크스Karl Marx를 처음 만났을 때의 기분이 이랬을까. 한편 고려 말 상황은 그야말로 생지옥이었다. 특히 토지와 관련된 문제가 심각했다. 물류 시스템이 지금과 같지 않았던 고려에선 현지 수확물의 일정한 비율을 가져가는 것으로 관료들의 녹봉을 대신했다. 심각한 것은 일선에서 물러난 관료들도 현직에 있을 때 받았던 녹봉을 그대로 요구했다는 점이다. 게다가 자기 자식들에게도 그러한 권리를 물려주는 폐단까지 이어졌다.

시간이 지날수록 백성들이 부담할 세금은 늘어날 수밖에 없었고, 먹지 못해 죽어 나가는 일이 비일비재했다. 21세기의 대한민국은 고려 말과 비슷한 문제를 겪고 있다. 갭 투자를 비롯한 과도한 부동산 투기는 건강한 경제 시스템을 무너트리고 있는 주범이다. 개인의 무분별한 이기적 욕망이 공동체를 어디까지 망가트릴 수 있는지 처참하게 보여 주는 사례라고 할 수 있다. 같이 사는 사회를 향한 꿈은 점점 멀어져만 간다. 부패한 지배층이 힘없는 백성을 착취하는 일은 만고불변의 진리라는 말이 괜한 말이 아니다. 하지만 고려의 젊은 유학자는 포기하지 않았다. 그래서 정도전이 주장한 토지 개혁이 바로 과전법科田法이었다.

과전법은 현직 관료 본인에게만 녹봉을 지급할 수 있는 제도였다(모든 토지를 국가가 몰수해야 한다는 원래의 주장에서 한 발 뒤로 물러난 것이었지만). 임금도 인과 의를 저버리면 범죄자에 불과하다는 맹자의 글에서 정도전은 고려의 개혁을 넘어 혁명, 즉 새로운 나라를 꿈꾼다. (경상북도 영주시 이산면) 신암리에서 시묘살이를 하며 맹자를 만났지만 처참한 백성들의 현실도 만날 수 있었다. 종이와 글에 파묻혀서 대의만 논하던 자신의 무지를 깨닫는다. 비록 지금은 비루한 처지에 있지만 와신상담의 정신으로 글을 읽으며 자신의 신념을 예리하게 갈고닦았다. 아마도 이때 조선 건국의 구체적인 설계도를 조각하지 않았을까. 고려의 부조리에서 최초의 조선인은 탄생한다.

<=

이 몸이 죽고 죽어

일백 번 고쳐 죽어

백골白骨이 진토塵土되어

넋이라도 있고 없고

임 향한 일편단심—片丹心이야

가실 줄이 있으랴

그런데 착잡한 마음을 잘 다스리고 개혁의 뜻을 세우라며 《맹자》를 정도전에게 권해 준 사람은 바로 포은圃隱(정몽주의 호) 정몽주였다. 이방원의 〈하여가何如歌〉에 답가로 잘 알려진 〈단심가丹心歌〉를 지은 사람도 정몽주다. 조선왕조실록에서 굳은 충절과 뛰어난 실력으로 추앙받은 인물이기도 하다. 어린 시절 학문으로 연을 맺은 정도전과 정몽주는 각각 벼슬길에 올라 고려의 신하로서 역할을 다한다. 하지만 공민왕의 노력에도 불구하고 고려는 무너져 갔고, 기득권과의 갈등이 심했던 정도전은 갖은 모략으로 심한 고초를 겪는다. 이 와중에 아버지께서 상을 당하심에 귀향하여 시묘살이까지 하게 된다. 이때 정도전의 깊은 뜻을 알고 있는 정몽주는 위로차 《맹자》를 권하고, 편지도 자주 주고받는다.

정도전의 입장에서 스승이자 친형제라고 생각했던 정몽주가 건넨 책은 각별할 수밖에 없었다. 백성의 고혈을 이용해 부귀영화를 누리는 썩은 관료들은 개혁의 최우선 과제였다. 그렇기 때문에 무엇보다 토지 개혁이 중요했다. 이러한 정책에 가장 적극적으로 앞장섰던 사람은 다름 아닌 포은 정몽주였다. 아울러 고려의 개혁을 위해 군사(무력)가 필요하다고 생각한 정몽주는 동북면의 이성계에게 정도전을 소개한다. 아마도 이때 정도전은 이성계에게 구체적인 혁명의 설계도를 펼쳐 보였을 가능성이 높다. 여기까지는 정몽주와 정도전 사이에 이견은 없었다. 요즘 말로 포은과 삼봉은 환상적인 궁합을 선보였다. 매우 순조롭고 고려의 희망찬 미래가 눈앞에 보이는 것 같았다.

하지만 고려를 무너트리고 새로운 나라를 세운다는 것에서 정몽주는 멈춘다. 그는 500년 가까이 유지한 고려를 없앤다는 사실을 받아들일 수 없었다. 그가 원한 건 새로운 고려이지 조선이 아니었다. '혁명과 개혁의 차이'는 미묘한 것 같지만 생각보다 깊고 멀다. 정도전은 그에게 사랑스러운 동생이지만 학문을 정진하는 데 있어서는 존경하는 동료였다. 동시에 《맹자》를 권하며 같이 뜻을 펼치자고 다짐했던 개혁의 동지이기도 했다. 그러나 정몽주와 정도전은 이제 정적政敵이 되었다. 성리학의 나라 조선이 탄생하기 직전 마지막 회유의 손길을 뻗었지만, 그의 대답은 단호한 〈단심가〉였다. 정몽주는 마지막 고려인의 길을 선택한다.

"

당신이라면

어떻게 할 것인가?

대한민국의 역사적 정통성은 결국 조선에 있다. 일
제강점기라는 특수한 상황이 있었지만 고려, 조선 그
리고 대한민국으로 이어지는 역사적 맥락은 누구도 부
정할 수 없다고 생각한다. 이러한 의미에서 고려와 조
선의 관계를 바라볼 필요가 있다. 고려의 입장에서 정
몽주는 충신이다. 하지만 정도전은 역성혁명을 꿈꾼
반역자다. 한편, 새롭게 건국한 조선의 입장에서 정도
전은 개국공신이지만 정몽주는 역적이나 마찬가지다.
그런데 재미있게도 두 사람에 대한 조선의 역사적 평
가는 우리의 예상과 다르다.

고려의 부패와 부조리 때문에 탄생하게 된 조선, 그
러한 조선에 필요한 것은 이제 개혁을 외치며 새로운

비전을 제시하는 정도전이 아니었다. 목에 칼이 들어와도 〈단심가〉를 부르며 충성을 맹세하는 정몽주 같은 신하가 훨씬 중요했다. 바로 여기에 역사의 역설이라는 심오한 진리가 있다. 덧붙여 역사를 선악의 구별처럼 이분법으로 접근하면 위험할 수 있다는 점도 간과해서는 안 되겠다. 조선의 헌법이라고 할 수 있는 《경국대전》 편찬, 경복궁의 설계, 합리적인 관료제도의 개편 등 많은 업적을 남겼지만, 조선왕조실록에서 정도전에 대한 평가는 가혹할 만큼 냉혹하다. 반면에 고려의 마지막 충신이었던 정몽주에 대한 평가는 매우 호의적이다. 그래서 현재 우리는 〈단심가〉를 정도전보다 잘 알고 있는지도 모른다.

지금도 많은 사람이 정도전보다는 정몽주를 더 많이 기억하고 사랑한다. 그렇기는 해도 필자는 정몽주의 단호한 결기와 곧은 절개 못지않게 정도전의 백성을 향한 연민과 올바른 국가에 대한 이상도 사랑받아 마땅하다고 생각한다. 이런 위인들이 있었기에 지금 우리가 있다. 최초의 조선인과 마지막 고려인의 비교는 우리에게 새로운 질문을 던진다. 당신이라면 어떻게 할 것인가? 이 질문은 최초냐 마지막이냐를 묻는 게 아니다. 당신의 신념을 끝까지 지킬 수 있는지에 대한 질문이다.

작지만 큰 차이

판단과 이해

좋은 영화는 대화를 부른다. 더구나 친구, 애인, 가족과 함께 즐길 수 있는 문화생활 중에 영화만큼 만만한 것도 없다. 대기업의 횡포를 비롯해 자본주의의 폐단인 약육강식의 논리가 적나라하게 드러나는 것이 영화산업이라고 하지만, 수준 높은 환경과 조건에서 편안하게 보고 싶은 작품을 즐길 수 있다는 사실은 분명 환영할 만한 일이다. 얼마 전 필자는 강남에 위치한 한 영화관을 찾았다. 그곳에서 사람들의 얼굴을 유심히 들여다보니 사람들의 표정이 영화를 보려는 이유

만큼 다양하다는 것을 깨달았다. 친구처럼 보이는 여성 세 명은 기다리던 작품을 보기 위해서 왔는지 기대로 가득 찬 얼굴이다. 서먹해서 서로를 쳐다보지 못하고 애꿎은 팸플릿만 쳐다보는 남녀 한 쌍은 오늘 소개팅을 나온 게 분명하다. 영화를 보고 나면 좀 더 친해지길 바란다.

조금 늦게 도착했는지 분주해 보이는 가족도 있다. 가족 모두 영화의 내용보다는 무엇이든 같이하는 게 중요하다는 표정이 역력하다. 어찌 됐든 시끌벅적하다. 그러나 필자는 오늘도 혼자다. 영화를 보기도 전인데 대화는 끊임없이 이어진다(필자를 제외하고). 영화를 보면서 먹을 간식을 고르는 일, 감상에 적당한 자리가 어디인지에 대한 각자의 이론, 영화 주인공에 대한 기대 어린 품평, 감독의 이전 작품에 대한 평가 등 다양한 주제로 서로의 의견을 나눈다. 잠시 소강상태가 지나가고 본격적으로 영화가 상영되자 모두 대화를 멈추고 '관람 모드'로 전환한다. 필자도 자연스럽게 영화의 세계로 빠져든다. (영화 상영 중...)

어느덧 엔딩 크레디트가 올라가고 있다. 영화가 끝나도 사람들의 얼굴은 여전히 각양각색이다. 만족과 아쉬움, 충격과 공포, 경외감과 존경 등 딱 잘라 말하기 어렵지만, 영화를 보기 전보다 더 다양한 표정이 속출했다. 당연한 수순으로 영화를 보면서 느꼈던 자신의 감정을 나누려고 또 다른 대화의 장이 열린다. 즉, 소통의 장을 마련한다는 것이 영화의 가장 긍정적인 영향력이라고 할 수 있겠다. 물론 영화를 온전히 감상하기 위해 일부러 혼자서 영화관을 찾은 사람도 있다. 그러나 혼자 온 사람도 영화를 보면서 느낀 감정을 누군가에게 표현하고 싶은 것은 마찬가지다. 인간은 원래 그런 동물이다. 그런데 대화의 양상은 대부분 두 가지로 나뉜다. 바로 '판단'과 '이해'다.

"생각보다 별로인 듯."

"그러게, 아쉽다. 마지막 장면에서 그렇게 멈추면 안 되지."

"나는 지루하더라. 아마 손익분기점 못 넘기겠지?"

'판단判斷하다'의 사전적 의미는 '사물을 인식하여 논리나 기준 등에 따라 판정을 내리다.' 그리고 '어떤 대상에 대하여 무슨 일인가를 판정하다.'이다. 마지막 화자는 손익분기점이라는 그럴싸한 용어까지 동원해서 자기 의견을 피력했지만, 결국 세 문장 다 오로지 자기 기준에 근거한 독단적 판단이다. 특히, 영화를 감상하는 데 있어서 이러한 섣부른 판단은 사고의 폭을 좁힐 수 있다는 점에서 경계해야 할 대상이다. 건강한 수용을 하는 데 판단만큼 위험한 것도 없기 때문이다. 게다가 위의 대화에서 알 수 있듯이 판단은 사고나 사유의 단절로 이어진다. 아마 이어지는 대화의 주제는 영화가 아니라 저녁 식사나 친구의 최신 근황으로 바뀌었을 가능성이 크다. 판단 덕분에 영화는 더 이상 생각할 필요가 없어졌다.

물론, 프로 스포츠 경기, 자격증 시험장, 병원 응급실과 같이 신속한 판단이 중요한 순간과 장소는 있다. 그러나 이런 '빠른' 판단에 앞서 더욱더 중요한 것이 '

정확한' 판단이다. 우리는 그동안 정확하지 못한 판단 때문에 일어난 끔찍한 사건을 너무 많이 목격했다. 사안의 경중을 떠나서 무조건 빠르면 효과적이라며 칭찬을 아끼지 않는다. 무엇이든 빠르게 처리하지 않으면 남들보다 뒤처진다고 생각하는 것일까. 아니면 급속한 변화에 익숙해서 정확한 것을 '비효율'이라 매도해 온 것은 아닌지 모르겠다. 여건이 이렇다 보니 우리의 사고는 더욱더 좁아질 수밖에 없다. 아울러 영화 감상도 경쟁으로 착각하는 지경에 이른다.

생존의 세계에서 빠른 판단력이 중요하듯이 자기가 본 영화도 빠르게 정리하고 넘어가야 마음이 편하다. 영화를 보면서 느꼈던 세밀한 자신의 감정은 더 이상 중요하지 않다. 빠르게 다음 단계로 넘어갈 수 있다는 사실은 왠지 상대적 우월감을 주기도 한다. 다시 강조하지만 개인의 취향에 따라 영화의 좋고 나쁨에 대하여 얼마든지 자기 판단을 내릴 수 있다. 반면에 그런 판단에 정확성이 결여돼 있다면 문제가 발생할 여지가 있다. 따라서 우리는 정확한 판단을 위해 이해를 먼저 생각할 필요가 있다. 이해는 판단보다 느리지만 정교하고 따뜻하기 때문이다. 아울러 판단은 가능한 여유 있게 하는 것이 유리한 경우가 많다.

<=

"이번엔 꿈도 희망도 없군. 감독이 의도한 걸까?"

"나는 오히려 그래서 마음에 들던데. 분명 변화가 있었겠지."

"마지막 주인공 표정이 계속 떠올라. 무슨 생각을 했을지 궁금해."

위의 대화는 단지 긍정적이기 때문에 우리의 마음을 움직이는 것은 아니다. 우선, 화자들이 감독과 주인공의 마음을 이해하려는 태도가 눈길을 사로잡는다. '이해理解하다'는 사전에서 '깨달아 알다. 또는 잘 알아서 받아들이다.' 그리고 '남의 사정을 잘 헤아려 너그러이 받아들이다.'로 정의한다. 섣부른 판단과 다르게 정확한 이해는 건강한 수용의 전제조건이다. 더욱이 판단과 다르게 이해하기 위해서는 '질문'도 많이 필요하다.

특히, '왜'와 '어떻게'라는 질문이 중요하다. 응당히 질문은 생각으로 생각은 다시 질문으로 이어지면서 사고와 사유의 폭과 깊이는 넓어지고 깊어진다.

신형철 교수는《슬픔을 공부하는 슬픔》에서 위로받는다는 것은 이해받는다는 것이며 '정확히 이해'할 때 '정확히 위로'할 수 있음을 강조했었다. 이해가 위로로 이어진다는 말은 서로 공감했다는 말과 같다고 생각한다. 타인을 정확하게 인식하고 이해할 때 거기서 우리는 위로를 발견한다. 슬픔은 그렇게 공부해야만 한다. 신형철 교수는 이해를 위로와 연결 지었지만, 필자는 판단과 비교하고 싶다. 판단은 '단절'과 가깝지만, 이해는 '연결'과 더 가깝다. 타인과의 대화도 스스로 하는 생각도 이해를 바탕으로 할 때 손쉽게 연결된다.

아울러 판단을 신속하고 정확하게 다듬는 것도 이해다. 고도화된 자본주의는 모든 것을 경쟁처럼 보이게 한다. 꿈도 사랑도 그리고 판단도 경쟁과의 차이점을 파악하기가 쉽지 않다. 주변에선 판단도 그냥 빨리빨리 처리해 버리는 게 신상에 이롭다고 말한다. 그렇지만 빠르기만 한 판단은 경쟁처럼 한계가 분명하다. 나와 타인의 관계를 정확히 이해할 때 서로 만족할 만한 판단을 내릴 수 있다. 나와 환경의 관계를 명확하게 이해할 때 인류는 번영할 수 있다. 그리고 관계의 정의가 명료하다면 판단을 위한 고민의 시간도 자연스럽게 줄어든다. 이처럼 이해에 집중하면 신속하고 정확한 판단은 저절로 따라온다.

"

판단은 '단절'과 가깝지만,
이해는 '연결'과 더 가깝다.

마지막으로 재미있는 사실 하나를 밝히려고 한다. '판단하다'를 네이버 국어사전에서 검색해 보면 유의어에 '이해하다'가 떡하니 버티고 있다. 사전의 세계에선 그만큼 판단과 이해의 간격이 좁다는 의미라고 해석할 수 있다. 한편으론 이 글을 쓰기 전에 파악했기에 상당히 당황스러웠다. 글을 쓸지 말지 망설이기도 했다. 반대로 글에서 다루려는 주제가 유사점과 차이점을 동시에 갖고 있다는 사실 때문에 다행이라는 생각도 들었다. 눈에 띄는 차이보다는 미묘한 차이에서 발견하는 진실이 더 귀하고 아름다운 경우가 많기 때문이다. 이러한 맥락에서 판단과 이해는 같으면서 다르고 다르면서 같은 것이다.

영화 격언 중에 '판단하지 말고 이해하라'라는 말이 있다. 영화 이야기로 글을 시작했기 때문에 영화를 감상하는 데 한정해서 판단과 이해의 관계를 설명한 것으로 받아들여도 문제는 없다. 실제로 영화를 볼 때 판단보다는 이해에 집중하면 작품을 더욱 입체적으로 감상할 수 있다(다시는 보지 말아야 할 영화는 빠른 판단이 훨씬 중요하다). 그렇지만 판단과 이해는 영화뿐만이 아니라 우리의 인생 전반에 걸쳐 계속해서 등장한다. 빠른 판단의 유혹에서 벗어나 정확한 이해로 나아갈 때 당신은 성숙한 판단에 한 걸음 더 다가갈 수 있다. 이같이 비교에 대한 증오를 넘어서면 이해의 광활한 평원이 펼쳐진다.

Phase 2

생방송 중입니다

유재하와 커트 코베인

안녕하세요. 사랑하는 애청자 여러분, 편안한 시간 보내고 계신가요? 〈가제: 비교를 잊은 그대에게〉를 지키고 있는 COSMO입니다. 쓸쓸한 날씨만큼 생각도 많아지는 밤입니다. 싱그럽던 여름을 떠나보내며 가을을 정겹게 맞이했던 때가 어제 같은데, 이제는 가을의 정취도 저 멀리 뒷모습만 보입니다. 벌써 11월도 지나 12월, 2022년이 살아가는 시간이 아닌 지나간 추억으로 남을 날이 얼마 남지 않았습니다. 안타깝게도 시간이 추억으로 기록되면 살갑던 하루하루는 잊히고 뭉

툭한 '작년'이 돼 버립니다. 그리움이 슬픈 까닭은 모든 기억이 추억으로 남을 수 없기 때문인지도 모릅니다. 오늘은 라디오 방송이라는 본연의 정체성에 어울리게 음악 이야기를 해 보려고 합니다.

정확히는 뮤지션 이야기라고 해야겠습니다. 저에게 평생 잊을 수 없는 뮤지션을 꼽으라면 가장 먼저 떠오르는 사람이 두 명 있습니다. 우선 한 명은 첫사랑의 아련한 상념과 오랜 시간을 함께했기 때문에 좋아합니다. 인연을 처음 발견했을 때, 떨리는 사랑을 시작했을 때, 행복한 연인으로 지낼 때는 물론 가슴 아픈 이별의 순간도 그의 음악과 함께였습니다. 다른 시간과 장소였지만 들을 때마다 나를 알아주는 그의 음악 덕분에 행복했고 아름다웠습니다. 또 다른 한 명은 제가 '주변인'으로 멈춰 있을 때 저를 알아봐 준 뮤지션입니다. 모든 것이 싫었던 그 시절, 그의 음악은 일종의 해방구였습니다. 그가 말하는 열반과 해탈은 저의 모든 것이 되었습니다. 언제나 그렇듯 서론이 길었습니다. 그럼 노래 듣겠습니다.

유재하 〈내 마음에 비친 내 모습〉
URL: youtu.be/alWOBFyGQDs
* 음악과 함께 읽기를 추천합니다.

한국의 1987년 8월은 무덥고 답답했습니다. 모든 것이 불안했던 그 시절 순수음악과 대중음악의 화해를 꿈꾸던 젊은 뮤지션이 발표한 〈사랑하기 때문에〉라는 앨범은 크게 주목받지 못합니다. 오히려 모순으로 가득했던 시대답게 '음정이 불안하다'라는 평가로 유재하를 규정하려고 했습니다. 그러나 대가의 작품들이 항상 그렇듯 자세히 들여다보면 볼수록 유재하의 첫 앨범은 그야말로 대단한 것이었습니다. 주류에서 밀려나는 것이 사망선고와 같은 의미였던 당시 분위기에서 이렇게 감미로운 음악이 등장한 것은 기적과도 같은 일입니다. 앨범 장르가 어떻게 되냐는 친형의 질문에 "음악에 장르가 어딨어. 뭐 굳이 장르를 구분하자면 크로스오버랄까."라는 그의 말처럼 중요한 것은 눈에 잘 띄지 않는 법입니다.

앨범에 수록된 9곡 모두 유재하가 직접 작사·작곡·편곡했습니다. 음악을 다뤄 본 적 없는 우리가 듣기에 대수롭지 않게 지나칠 수 있지만, 한국 대중음악사상 최초였습니다. 어떤 일이든 혼자서 전 과정을 담당한다는 것은 결코 쉬운 일이 아닙니다. 게다가 처음 발표한 앨범이라는 사실은 그의 천재성을 단적으로 보여 주는 것이라고 할 수 있습니다. 클래식을 전공했기에 곡 전체에 흐르는 차분한 분위기는 지적으로 느껴집니다. 동시에 은근히 적셔진 팝적인 감성은 음악을 더욱 풍성하게 만드는 매력적인 요소입니다. 특히나 글을 좋아하는 저에게 그의 가사는 30년 전에 쓰인 곡이라는 사실이 무색할 정도로 세련되게 다가옵니다.

개인적으로 사랑이라는 오묘한 감정을 제대로 돌이켜 볼 수 있게 해 준 〈내 마음에 비친 내 모습〉은 아직도 새벽 감성에 젖고 싶을 때마다 듣는 곡입니다. 꾸밈 없이 담백하게 부르는 유재하의 목소리는 내면에 꼭꼭 숨어 있던 또 다른 나에게 어서 말을 걸어 보라고 속삭

이는 것 같습니다. 그곳에서 만난 자아는 사랑하는 그녀와 무척 닮았습니다. 그렇게 문득 내가 그녀를 사랑했던 이유를 깨달았지만, 그녀는 이미 제 곁에 없었습니다. 시간이 추억으로 기록되듯이 '그녀'도 이젠 희미한 명사가 되었습니다. 지금도 많은 사람의 사랑을 받는 유재하의 첫 번째 앨범은 단순히 한 시대를 풍미했던 수작의 반열을 뛰어넘었습니다. 50년, 100년 후에도 우리는 유재하를 그리워하지 않을까요?

Nirvana 〈Come As You Are〉
URL: youtu.be/z9LiPuVRyU8
* 음악과 함께 읽기를 추천합니다.

1987년, 그러니까 유재하가 한국에서 첫 앨범을 발표했던 그해 미국에서도 엄청난 뮤지션이 등장합니다. 정확히는 얼터너티브 록 밴드라고 해야겠습니다. 커트 코베인Kurt Donald Cobain은 워싱턴주 애버딘 출신으로 불우한 가정환경에서 자랐지만 뛰어난 음악적 재능 덕분에 뮤지션의 꿈을 키웁니다. '너바나Nirvana'는 그의 고등학교 동창 크리스 노보셀릭Krist Anthony Novoselic 과 결성한 그룹입니다. 너바나를 우리말로 옮기면 '열반涅槃' 정도로 해석할 수 있습니다. 열반이란 '모든 번뇌의 얽매임에서 벗어나고, 진리를 깨달아 불생불멸의 법을 체득한 경지'를 뜻하는 불교 용어이기도 합니다. 커트 코베인의 평소 생각을 짐작할 수 있는 작명 센스입니다.

이후 밴드의 가능성을 알아본 대형 음반사와 계약하기에 이르고 〈Nevermind〉라는 전무후무한 앨범을 발표합니다. 특히 〈Smells Like Teen Spirit〉라는 곡은 전 세계에서 열광적인 인기를 얻습니다. '클래스는 영원하다'는 격언처럼 30년이 지난 지금 들어도 전혀 어색한 느낌은 없습니다. 너바나의 등장으로 기존의 헤비메탈을 비롯한 록 음악은 단숨에 '지는 별'이 되었습니다. 바꿔 말하면 얼터너티브 록Alternative Rock이라는 장르는 너바나에 의해 개척되었다고 해도 틀린 말이 아닙니다. 덕분에 커트 코베인은 X세대를 대표하는 뮤지션이 됩니다. 저도 물론 그의 열반을 향한 열정에 깊이 공감했습니다.

그도 유재하와 비슷하게 밴드 내에서 작사·작곡은 물론 기타와 보컬까지 담당했습니다. 그러나 앨범 발표 이후의 삶은 조금 달랐습니다. 세상 모든 사람에게 막강한 영향력을 펼치던 그였지만, 마지막 모습은 외롭고 쓸쓸했습니다. 대형 음반사의 기획대로 만들어진 곡은 평소 커트 코베인 추구하던 음악적 이상과는 거리가 멀었습니다. 따라서 음악이 크게 성공하면 할수록 커트 코베인 자신의 음악은 없었습니다. 대중의 열성적인 지지는 오히려 그를 더욱 왜곡시켰고, 약물과 술에 의지하는 삶을 살아가게 됩니다. 〈Come As You Are〉란 노래처럼 있는 그대로의 모습을 보여 주고 싶었지만 쉽지 않았습니다. 어렸을 때 겪었던 가정 불화를 또다시 경험하며 결국 극단적인 선택으로 삶을 마감합니다. 당시 그의 나이는 고작 27세였습니다.

"

나를 발견하는 일은
음악과 무관하지 않습니다.

첫 앨범을 낸 지 3개월도 지나지 않은 1987년 11월, 유재하는 우리 곁을 떠나갔습니다. 1994년 4월, '서서히 사라지느니 불타는 게 낫다It is better to burn out than fade away'라는 말을 남기고 커트 코베인도 자신의 인생에 스스로 마침표를 찍었습니다. 비슷한 시기를 짧게 살았던 두 사람은 '음악'이라는 공통점을 가지고 있었지만, 최후의 모습에는 다소 차이가 있습니다. 또한 둘 다 이루지 못한 꿈을 간직한 채 떠나간 천재였기에 쓸쓸한 겨울이 되면 더욱더 그립습니다. 그렇지만 그들의 음악은 뮤지션을 꿈꾸는 이들에게는 등대가 되었고, 음악을 좋아하는 이들에게는 위로와 격려를 건넸습니다. 여러분은 음악을 음악답게 해 주는 것은 무엇이라고 생각하시나요?

잘 모르지만, 저는 촉촉하게 감성을 자극하는 멜로디, 공감과 위로를 건네는 가사, 나도 모르게 귀를 기울이게 만드는 아름다운 연주, 포근하게 감싸는 가수의 목소리 그리고 그 음악을 만든 뮤지션이라고 생각합니다. 다행히 장르를 따지며 듣던 철없던 시절과는 작별했습니다. 음악은 가려내는 것이 아니라, 나에게 어울리는 음악을 찾는 것이 훨씬 중요하기 때문입니다. 이렇듯 나를 발견하는 일은 음악과 무관하지 않습니다. 여러분들은 어떤 뮤지션을 좋아하나요. 혹시 평생 곁에 두고 듣고 싶은 노래가 있으신가요? 그렇다면 그 음악을 조각한 뮤지션의 인생도 함께 살펴보시길 권합니다. 거기에는 그리움과 사랑도 있고 열반과 이상도 있으니까요.

마지막으로 〈가제: 비교를 잊은 그대에게〉는 항상 여러분의 사연을 기다립니다. 날이 무척 쌀쌀합니다. 따뜻한 밤 보내시길 바랍니다.

복수를 위한 안내서

복수심과 중력

사람들 사이에 맺어지는 관계를 흔히들 '인연因緣'이라고 부른다. 그뿐만 아니라 어떤 사물과 관계되는 연줄을 의미하기도 하고 일의 내력 또는 이유도 인연이라고 말한다. 불교를 이해하는 데도 인연은 매우 중요한 개념이다. 인因은 결과를 만드는 직접적인 힘을 뜻하며 연緣은 그것을 돕는 외적이고 간접적인 힘을 나타내는데 이를 아우르는 말이 바로 인연이다. 우리는 평생 끊임없이 인연을 맺으며 살아간다. 인연으로 시작해서 인연으로 마치는 것이 인생이다. "나는 평생 방에만 있을 건데요."라고 반박하고 싶은 마음 잘 알고 있다. 하지만 당신이 칩거할 방과 맺을 관계도 인연으로 시작한다. 엄밀히 말하면 숨을 쉬는 순간순간이 모두 인연의 연속이다.

호흡은 순리順理와 같아서 망각하기 쉽지만, 인간에게 산소처럼 고마운 인연도 없다. 개인의 생존을 넘어 세대를 이어 줬으며 인류가 문명을 이룩하는 데 산소는 중요한 역할을 했다. '함부로 인연을 맺지 말라'는 법정 스님의 말씀에는 인연의 소중함을 아는 것을 전제한다고 생각한다. 그런 의미에서 산소 같은 인연을 만났다면 감사한 마음부터 전해 볼 것을 추천한다. 무심코 지나쳤을 때보다 훨씬 나은 결과에 깜짝 놀랄지도 모른다. 그런데 당신이 호흡할 때 산소만 만나는 것은 아니다. 먼지, 매연, 바이러스, 담배 연기 등 '별로'를 넘어 '전혀' 반갑지 않은 인연도 있다. 이런 대상들은 몸이 먼저 거부한다. 재채기, 기침은 물론이고 심하면 구역질까지 피할 수 없다. 당연히 달갑지 않은 인연은 사람도 포함한다.

"커서 뭐가 되려고 이러니?"

"네가 그렇지 그럼, 생각보다 심하네."

"그따위 정신 상태로 뭘 할 수 있겠어. 너는 노력이 부족해, 노력이!"

"친동생 같아서 하는 말인데 다음부터는 절대 나서지 마."

"예의는 밥 말아 먹었냐? 건방지게 어디서….."

괴롭겠지만 우리에게 상처를 남겼던 말들을 잠시만 떠올려 보자. 지금 기억나는 것은 이 정도다. 당신 앞에서 비수같이 떨어지던 말 같지 않던 말들은 평생 지워지지 않는 상처가 된다. 그런 말을 내뱉은 사람이 어떤 의도를 가졌는지는 더 이상 중요하지 않다. 더욱이 물리적인 상처는 의사의 처방을 따르면 되지만 마음에 남은 상처는 온전히 스스로 극복해야만 한다(정신과 상담을 받을 수야 있겠지만 결국 상처를 걷어 내는 건 자기 자신이다). 한편 매연 같은, 바이러스 같은, 담배 연기 같은 인연은 우리를 색다른 감정으로 이끌기도 한다. 좌절, 실망, 절망, 비관, 열패감, 열등감, 분노그리고 마지막으로 심리적 방어기제라고도 할 수 있는복수심까지 이어지기도 한다.

솔직히 나를 모욕했던 상대방도 내가 느꼈던 부정적이고 우울한 감정을 똑같이 느꼈으면 좋겠다. 물론 찜찜한 기분은 남겠지만, 왠지 '그 말'을 듣기 전의 나로돌아갈 수 있을 것 같기 때문이다. 나아가 복수의 완성을 정의 구현이라고 규정하는 것에 이의를 제기할 사람은 별로 없어 보이기까지 한다. 아울러 복수하겠다는 다짐은 심리적인 영향뿐만이 아니라 실제로 도움을 주는 측면이 있다. 상대를 제대로 응징하려면 그 사람보다 나은 사람이 되어야만 한다. 자연스럽게 자신의 부족한 면을 보완하려 노력하고 성공을 향해 몰입한다. 목적이 명확하면 몰입은 더욱 쉬워지는 법이다. 그렇지만 만약 건강한 복수가 존재한다면 딱 여기까지다. 타인을 파괴하기 위한 몰입은 결국, 자신을 파괴하는 결말로 이어진다.

복수는 진정 정의 구현일까? 혹시 자신의 못마땅한 기분을 풀어 주는 것을 정의라고 착각하고 있는 것은 아닐까. 그리고 복수를 완성한다는 의미가 정확히 무엇인지 궁금하다. 만약 당신을 괴롭혔던 사람이 슬픔과 회한으로 고통받는 모습을 보는 것이 복수의 완성이라면 잠시는 통쾌할지 몰라도, 상상처럼 유쾌하기만 한 상황은 아니다. 맨 처음 복수를 다짐할 때의 마음을 생각해 보면 절대 그럴 수 없다. 좋은 관계란 무엇인지 이해하고 있었기에 화가 났다. 같이 살아가기 위해 무엇이 필요한지 알고 있었기에 분노했다. 그런 당신이 괴로워하는 타인을 보며 과연 얼마나 즐거울 수 있을지 의문이다. 오히려 허탈한 공백만 남는다. 당장 내가 원하는 결과가 아니라는 생각에 후회하지 않으면 다행이다.

$$F = G \frac{m_1 m_2}{r^2}$$

F: 중력의 크기 G: 중력 상수
m1, m2: 물체 1, 물체 2의 질량
r: 두 질량의 거리

갑자기? 당황스러운 마음부터 진정하길 바란다. 도움이 될지 모르겠지만 앞의 수식은 만유인력의 법칙, 다시 말해 아이작 뉴턴$_{Isaac Newton}$이 발견한 중력의 법칙을 나타내는 수식이다. 중력의 법칙은 1687년에 그가 발표한 논문 '자연철학의 수학적 원리' 즉《프린키피아$_{Principia}$》를 통해 세상에 나왔다. 수식의 의미를 간단하게 설명하면 이렇다. 질량이 있는 두 물체 사이에는 두 물체의 질량의 곱에 비례하고 두 물체 거리의 제곱에 반비례하는 당기는 힘이 작용한다. 부연 설명이 필요 없을 정도로 명쾌하고 단순하지만, 우리 주변에서 일어나는 많은 현상을 설명할 수 있는 보편타당하고 아름다운 수식이다. 뉴턴의 발견 덕분에 인류는 막막하기만 했던 우주를 미래의 희망으로 바꿀 수 있었다.

우선, 우리에게 친숙한 태양을 떠올려 보자. 별은 기본적으로 에너지를 만드는 물질 덩어리이며 그 에너지를 만드는 방법은 수소의 핵융합이다. 또한 별은 내부 핵과 외부 껍질로 구분할 수 있다. 내부 핵은 핵융합으로 팽창하려고 하고 외부 껍질은 중력으로 안으로 수

축하려고 한다. 별의 생애 대부분은 이 두 힘이 균형을 이루며 그 형태를 유지한다. 하지만 수소가 모두 소진되면 균형은 깨지고 내부 핵은 중력에 의해 더욱 작게 뭉쳐진다. 그러면 내부 핵의 온도는 올라가고 밀도도 높아지며 헬륨마저 핵융합을 시작한다. 별이 거대하게 팽창한 이때를 가리켜 '적색거성'이라고 한다. 결국 외부 껍질은 더 이상 버티지 못하고 우주로 흩어지고 헬륨도 모두 소진한 내부 핵은 더 작아지면서 '백색왜성'이 된다.

주목할 것은 별의 탄생과 사멸 과정에서 중력이 맡은 역할이다. 수식에서도 설명했지만, 질량이 클수록, 거리가 가까울수록 중력은 강력하게 작용한다. 동시에 별이 내부 에너지원을 소진하면 가장 강력한 영향력을 행사하는 것도 중력이다. 중력의 무서운 점은 중력 자체가 중력을 키운다는 점이다. 중력의 영향력이 발휘되는 순간 결과는 이미 결정되어 있다. 별의 사멸 과정에서 중력이 힘을 얻기 시작하면 멈출 수 있는 것은 파괴밖에 없다(너무 걱정하진 말자. 종말을 맞이한 별의 흔적은 다시 태어날 별의 재료가 된다). 불행보다 끔찍한 순간은 불행으로 가는 과정을 멈출 수 없을 때다. 타인의 불행을 유일한 목표로 하는 복수처럼 말이다.

"

진정한 복수는 자연스러움에 있다.

☰

복수는 중력처럼 스스로 자라는 특성이 있어서 한 번 마음먹으면 멈추기가 좀처럼 쉽지 않다. 또 상대방과 악감정이 클수록 벗어나기 어렵고 예전부터 알고 있던 가까운 사이일수록 복수심은 오히려 깊어진다. 교과서적인 해답은 아마도 '관용과 용서'일 것이다. 복수의 마지막 진화 단계가 용서라면 더할 나위 없이 좋은 일이다. 하지만 너무나 쉽게 용서를 입에 올리는 것도 마음에 들지 않는다. 누구에게나 말할 수 없는 사연은 있기 마련인 까닭이다. 덧붙여 자신의 인품이 성인의 그것과 비슷한 반열이 아니라면 쉽지 않은 일이다. 그렇다고 복수 때문에 자신이 파멸의 구렁텅이로 빠지는 모습을 보고 있을 수만은 없다.

오래된 격언 중에 이런 말이 있다. '누군가가 너에게 해악을 끼치거든 앙갚음하려 들지 말고 강가에 고요히 앉아 강물을 바라보아라. 그럼 머지않아 그의 시체가 떠내려올 것이다.' 감히 주석을 붙이자면 필자도 다양한 악연을 겪으면서 깨달은 게 하나 있다. 다른 사람에게 원한을 주는 사람은 '나쁜' 사람이 아니라 '멍청한' 사람이었다. 타인에게 고통 주는 것을 즐기는 사람은 자가당착에 빠져 스스로 무너지는 경우를 많이 봤다. 따라서 물리법칙을 무시하고 중력을 거슬러 무조건 용서하라고 강요할 순 없겠지만, 복수를 최대한 뒤로 미루라는 말은 하고 싶다. 조금 더 나은 사람이 되려고 자신에게 집중하다 보면 복수는 저절로 완성된다. 결국 진정한 복수는 자연스러움에 있다.

진짜 끝은 무엇일까

시작, 끝, 과정, 결정

시작始作 : 어떤 일이나 행동의 처음 단계를 이루거나
그렇게 하게 함. 또는 그 단계.

그 누구도 아무것도 선택하지 않으면서 살 수는 없
다. '나는 중립적인 태도를 취하겠다'는 생각 자체가 이
미 정치적인 것처럼 말이다. 선택을 최대한 뒤로 미루
고 상황을 더욱 정확하게 관찰할 수도 있겠지만 언젠
가 결정을 내려야 한다는 사실에는 변함이 없다. 일례
로 산책할 때도 우린 수많은 선택의 기로에 놓인다. 아

름답고 조용한 풍경, 이마에 스치는 차분한 바람, 다정하고 따뜻한 사람들과의 만남은 산책에서 빼놓을 수 없는 즐거움이다. 이렇듯 고독한 상념에 빠져 있어서 의식하기 힘들겠지만, 산책하기 위해 기본적으로(물리적으로) 필요한 것이 '걷기'와 '방향 선택'이다. 특히, 방향을 선택하는 일은 곧 최종 목적지를 결정한다는 의미에서 매우 긴요하다(오늘은 다소 관념적인 이야기를 하려고 한다).

산책에서 걷기의 역할처럼 우리 삶에는 무의식적으로 반복하는 행동과 말이 의식적인 결정의 순간보다 훨씬 많다. 이런 반복적이고 습관적인 행위가 인생의 절반 이상을 차지한다고 해도 크게 틀린 말은 아니다. 더구나 걷기가 없으면 산책을 완성할 수 없듯이 일정한 생활 패턴은 인생을 완성하는 데 꼭 필요한 항목이다. 많은 사람이 좋은 습관 들이기에 그토록 신경 쓰는 이유도 바로 여기에 있다. 그럼에도 우리 인생에 지대한 영향력을 끼치는 것은 역시 의식적인 결정이다. 결정의 시간은 반복의 시간보다 상대적으로 적은 분량을 차지할 수밖에 없지만, 그 힘은 엄청나게 크고 막중하다. 그런 결정이 차곡차곡 쌓여서 한 사람의 인생이 된다. 그런데 이렇게나 중요한 결정을 '끝'으로 여기는 사람이 생각보다 많다.

끝 : 행동이나 일이 있은 다음의 결과.

우선 결정의 위치부터 알아보자. 어떤 일을 진행하는 데 있어서 결정을 내려야만 일이 끝나는 것으로 생각하는 경우를 흔하게 볼 수 있다. 이런 사고는 서론, 본론, 결론의 구조처럼 순차적인 느낌을 주기 때문에 일단 편안하고 자연스럽다. 일을 단계적으로 처리하는 것은 오래전부터 인간이 주요한 문제를 해결할 때마다 사용한 방법으로 유구한 역사와 전통을 자랑한다. 게다가 단계를 거치지 않으면 문제가 오히려 커지는 경우도 있다. 따라서 고도화된 공동체일수록 매뉴얼이 잘 발달되어 있다. 아니면 선택의 순간을 무사히 마친다는 의미에서 그런 결론을 내렸을지 모르겠다. 무엇보다 순조롭게 일이 마무리된다는 것은 모두가 만족할 만한 결정일 가능성이 높기 때문에 더욱 설득력 있는 생각이다.

이러한 생각, 다시 말해 결정은 끝과 가깝다는 생각은 타당한 측면이 분명히 있다. 실제로 최종 결정이라는 용어처럼 끝과 유사한 '최종'은 결정과 잘 어울린다 (파일명을 정할 때도 '최종'이라는 단어는 유용하다). 어찌 보면 경쟁에서 우위에 서는 것을 최우선 가치로 여기는 한국 사회에서 결정과 끝은 가까울 수밖에 없는 운명이었다. 결정을 내리는 즉시 일의 성공 여부를 알아야만 순위를 매기기 편하기 때문이다. 효과를 극단적으로 높이려면 결정과 끝은 같은 의미여야만 했다. 애매한 주관식(서술형) 문제보다 빠르게 결과를 확인할 수 있는 객관식 문제에 더 익숙한 우리만 봐도 알 수 있다. 모두가 편하고 익숙한 것을 좇는 사이에 결정과 끝은 점점 더 가까워지고 있다.

그런데 우리가 한 가지 놓치고 있는 게 있다. 일의 진행에 있어서 시작과 끝만 있는 것은 아니라는 사실이다. 그 사이에는 당연히 '과정'이 있기 마련이다. 하지만 지금의 상황과 비슷하게 인간은 시작과 끝은 잘 떠올리지만, 과정을 상상하며 일을 계획하지 못한다. 뿌듯한 마무리를 예측하는 것은 행복하지만 고단한 과정을 짐작하는 것은 슬프기 때문일까, 과정은 늘 찬밥 신세다. 반대로 인간이 목표를 세울 때마다 지나치게 욕심을 부리는 까닭이기도 하다. 까다롭고 고달픈 과정을 조금이라도 짐작한다면 '한 달 안에 독일어 마스터하기' 같은 과격한 목표는 절대 세우지 못했을 것이다. 그뿐만 아니라 과정은 시작과 끝보다 중대하며 성공의 필수조건이라고 생각한다.

<=

과정過程 : 일이 되어 가는 경로.

이런 맥락에서 결정은 끝보다는 시작과 가깝게 위치할수록 모든 면에서 유리하다. 먼저 노력과 같은 인간의 의지가 제대로 된 역할을 수행한다는 점을 강조하고 싶다. 앞서 언급한 바와 같이 일을 성공적으로 마치기 위해서는 시작과 끝보다는 과정에 온전히 집중할 필요가 있다. 만약 결정이 끝이라면 인간의 의지는 거의 할 일이 없다. 뻔한 결과가 예상되는 일에 에너지를 낭비할 필요는 없다. 단지 결정의 순간만을 잘 넘기면 그만이다. 반면에 과정을 어떻게 소화하느냐에 따라 결과가 달라질 수 있다면 이야기는 달라진다. 시작 단계에서 결정한 것을 이루기 위해 과정을 향한 몰입은 자연스럽게 따라온다. 주체적인 인간으로 살아가는 길, 결정을 시작처럼 여기는 데 있다.

설령 결과가 마음에 들지 않는다고 해서 문제 될 것은 없다. 존 스튜어트 밀John Stuart Mill이 말한 것처럼 인간은 자신이 선택한 길을 가게 되면 다른 사람이 인도한 길로 가는 것보다 결국에는 많은 것을 얻을 수 있기 때문이다. 힘겨운 과정을 거치는 여정 자체가 이미 성공이다. 흔히들 예술을 말할 때 모방은 창작의 어머니라는 말을 자주 한다. 필자의 짧은 소견으로는 여기서 말하는 모방은 본받고 싶은 예술가의 개성을 성취하는 '과정'을 탐구하는 것이지 작품 그 자체를 모방하는 것은 아니라고 생각한다. 그런 결과물은 모조품일 뿐이며 아류에 지나지 않기 때문이다. 이처럼 과정은 일에서도 예술에서도 그리고 인생에서도 중요하다.

덧붙여 후회라는 감정은 결정보다는 나의 부족함을 향할 필요가 있다. 사실 어떠한 결정을 내리든, 정작 집중할 것은 결정 이후의 실천과 노력이기 때문이다. 더불어 결정은 아무런 잘못이 없다(그 결정을 따르지 않은 내가 있을 뿐이다). 실수는 누구나 할 수 있으며, 잘못된 결정은 늘 있는 일이다. 그런 뜻에서 '실패 없는 인생을 살라'는 말처럼 어리석은 말도 없다. 도리어 '더 많이 실패하라'는 말이 과정을 중시한다는 의미에서 필요할지도 모르겠다. 바꿔 말하면 결정에 대한 후회가 늘어날수록 새로운 도전을 맞이할 때마다 망설일 수밖에 없다. 그러나 나의 부족함을 향한 후회는 나를 돌아보게 한다. 실수가 반성을 거쳐 개선으로 나아갈 때 우리는 발전한다. 또한 그러기 위해선 당연히 결정은 시작과 같은 위치에 있어야만 한다.

"

정작 집중할 것은 결정 이후에
당신을 맞이할 실천과 노력이다.

결정_{決定} : 행동이나 태도를 분명하게 정함. 또는 그
렇게 정해진 내용.

결정과 가장 잘 어울리는 것은 무엇인지 비교해 봤
다. 생각해 보면 결정은 언제나 시작이었다. 너무나 당
연하고 쉬운 진리이기 때문에 많은 사람이 자주 잊고
살아간다. 어떤 결정에 앞서 선택의 시련이 깊을수록
그 결정은 대세에 큰 영향을 끼치지 못하는 경우가 많
다. 고민의 깊이가 깊다는 것은 그만큼 두 결정 사이
에 큰 차이는 없다는 의미이기 때문이다. 하지만 인간

은 망각의 동물, 뼈저린 후회를 직접 경험하고서도 매번 잊어버린다. 하여 다시 한번 강조한다. 집중할 것은 결정 이후에 당신을 맞이할 실천과 노력이다. 결정이 시작과 다르지 않음을 이해할 때 당신은 주체적인 삶을 영위할 수 있다. 즉, 당신 자신이 인생의 주인공이 될 수 있는 길은 결정의 위치를 올바르게 파악하는 데 있다.

만약 결정이 시작이 아닌 끝을 의미한다면 '열정과 반항'은 인간에게 가장 불필요한 단어가 돼 버릴지도 모른다. 인생에서 과연 무엇이 시작이고 무엇이 끝인지는 각자가 결정할 몫이지만 당신이 결정을 어떻게 생각하느냐에 따라 다른 삶을 살아갈 수 있다는 점은 흥미롭다. 결정을 시작으로 생각하기로 했다면 그 결정이 잘한 결정이 될 수 있도록 최선을 다하면 된다. 일을 진행하는 데 있어서 자신의 의지가 험난한 과정을 거치며 의도한 결과에 도달하는 모습을 지켜보는 것보다 아름다운 것은 없다. 결정은 결코 끝이 될 수 없으며 인생에서 마지막 결정이란 없다. 다만 또 다른 결정이 우리를 기다리고 있을 뿐이다. 당신은 우리 삶에서 결정이 맡은 역할을 무엇이라고 생각하는가?

!=, >=, <=, ==

인터미션

(죄송합니다) 기이한 제목에 놀랐다면 용서를 구한다. 하지만 이번 글은 부제에 '인터미션'이라고 밝혔듯이 필자의 못난 문장을 읽느라 고생한 독자들에게 잠깐의 휴식을 제공하려는 목적으로 썼다. 책의 주제에서 잠시 벗어나, 부디 그윽한 차 한 잔 같은 쉼터가 되길 간절히 바란다. 역사적 사건을 제대로 이해하려면 시대적 맥락을 먼저 파악해야 하는 것처럼 제목을 설명하기에 앞서 관련된 배경을 헤아릴 필요가 있다. 아울러 배경 이야기를 하려면 어쩔 수 없이 게임을 다루

어야만 한다. 1970년대 후반 미국에는 아타리Atari라는 세계 최초의 비디오 게임 회사가 있었다. 오늘의 주인공은 이곳에서 근무했던 워렌 로비넷Warren Robinett이라는 개발자다.

다른 직업도 마찬가지겠지만 당시 게임 개발자의 처우는 지금과 달랐다. 특히, 능력 있는 개발자에게 아타리 같은 게임 회사는 악덕 업주와 다를 바가 없었다. 뛰어난 개발 능력을 갖춘 직원이 경쟁업체에 알려지는 것이 두려웠던 회사는 자신의 이름을 게임에 남길 수 없다는 비상식적인 규정을 강요했다. 즉, 개인은 철저히 무시되고 게임에는 오직 회사 로고만 쓸 수 있었다. 창작자가 자기가 제작한 작품을 자신의 것이라고 말할 수 없다면 과연 창작 의지가 생길까? 당연히 개발자에 대한 처우도 열악했다. 최악의 복지 여건을 견디며 오직 개발을 향한 열정 하나로 일하고 있는데 창작 의지마저 마음대로 펼칠 수 없는 분위기였다. 게다가 반기라도 들면 동종 업계에 영원히 발붙일 수 없는 무서운 시절이었다.

대가大家는 도구를 가리지 않는다고 했던가, 워렌은 이 와중에도 대작을 개발하는 데 성공한다. 그가 개발해 1979년 출시한 〈어드벤처Adventure〉라는 투박한 이름의 게임은 단숨에 백만 장이 넘게 팔린다. 예상 밖의 성적에 회사는 쾌재를 불렀겠지만 워렌에게 돌아오는 경제적 보상은 아무것도 없었다. 더욱 안타까운 것은 열광적인 게임 팬들에게 온 수많은 팬레터조차 그는 단 한 줄도 읽어 볼 수 없었다. 강압에 의해 저자의 이름을 밝힐 수 없는 책을 출간한 작가의 심정을 짐작해 보라. 더욱이 그 책이 베스트셀러에 등극했다면 어떨까? 남은 것은 울분과 자괴감이지 않았을까. 그런데 역시 워렌은 평범한 개발자가 아니었다. 게임 창작자로서 이름을 꼭 남기고 싶었던 그는 기막힌 아이디어를 떠올린다. 바로 이스터 에그Easter Egg!

워렌은 자신의 이름을 아무도 모르게 게임 속에 숨겨 놓았다. 게임 내에서 특정한 조건을 만족하면 그의 이름을 아주 크게 확인할 수 있다. 하지만 '특정한 조건'은 매우 까다롭기 때문에 워렌이 아타리에서 퇴사할 때까지 아무도 발견하지 못한다. 이 사실을 알고 있는 것은 이 세상에 오직 한 명, 워렌뿐이었다. 그렇지만 게임의 열렬한 팬이었던 한 소년이 이를 발견하고 기쁨에 겨운 나머지 아타리에 장문의 편지까지 보낸다. 아타리의 경영진은 그야말로 멘붕에 빠진다. 문제의 원흉(?)이 회사에 없으니 과거 그의 상관이었던 스티브 라이트를 추궁하기에 이른다. 그런데 스티브라는 인물도 평범한 사람은 아니었던 모양이다. 이는 문제가 아니라 새로운 기회라고 경영진을 설득했다. 좋아서 편지까지 보낸 것을 보면 분명 다른 사람들도 재미있어하지 않을까?

마치 '부활절(Easter는 기독교의 부활절을 의미) 달걀을 찾듯이' 게임에서 비밀을 찾는 것을 사용자들도 좋아할 것으로 예상했고 정확히 들어맞았다. 팬들의 폭발적인 반응은 이스터 에그를 다른 게임에도 넣자는 의견에 힘을 실어 주었다. 결국, 이러한 과정에서 이스터 에그(컴퓨터 게임, 소프트웨어, 영화 등에서 사람들이 찾아내어 재미를 느끼게 만드는 숨겨진 요소)라는 용어도 자리를 잡게 된다. 여기서 재미있는 것은 워렌처럼 자신의 이름을 게임에 숨긴 회사 선배가 이미 있었다는 점이다. 〈어드벤처〉보다 앞서 1977년 출시된 〈스타십Starship 1〉의 개발자였던 론 밀너Ron Milner는 'Hi Ron!'이라는 귀여운 인사를 게임 속에 숨겨 놨다. 다시 말해 〈어드벤처〉는 최초의 이스터 에그가 있는 게임이 아니라 최초로 '발견'된 이스터 에그가 있는 게임이 되었다.

워렌의 비밀 메시지가 궁금한 독자는 '위키피디아 영어판'에서 그의 이름 'Warren Robinett'을 검색하면 이스터 에그를 캡처한 화면을 볼 수 있으니 참고 바란다.

워렌의 소심한 반항은 게임 개발자들의 억압받는 상황을 사회에 고발하는 역할까지 해낸다. 실제로 이후 게임 개발자들이 자신이 개발한 게임에 이름을 남기는 것에 이의를 제기하는 사람은 거의 없어졌다. 이 게임 개발자의 이야기에서 필자는 같은 창작자로서 강한 동료 의식을 느낀다. 또한 그의 열정이 따라 하고 싶을 정도로 매력적으로 다가왔다. 그래서 이어진 생각이 '나의 글에도 이스터 에그를 숨겨 놓으면 재밌지 않을까?'였다. 여기서 이렇게 밝히면 이미 이스터 에그가 아닐지도 모르겠다. 실망 섞인 반응이 예상되지만 그럼에도 용기 내 말해 본다. 글의 기승전결을 구분하는 !=, >=, <=, == 기호는 필자가 이 책에 숨겨 놓은 이스터 에그임을 밝힌다.

결론부터 말하자면 이 기호는 프로그래밍에서 사용하는 비교 연산자Comparing Operator이다. 비교 연산자는 a와 b라는 숫자 또는 변수가 있다면, 둘이 같은지 다른지, 누가 더 크고 작은지를 따진다. 두 개의 값을 비교하기 때문에 '비교 연산자'라고 부른다. 따라서 《비교 리즘》과 잘 어울린다고 생각했다. 각각의 연산자의 의미를 살펴보면 다음과 같다.

- a != b: a와 b가 다른가?

- a >= b: a가 b보다 크거나 같은가?

- a <= b: a가 b보다 작거나 같은가?

- a == b: a와 b가 같은가?

위의 비교 연산자들은 조건을 만족하면 1을, 만족하지 않으면 0을 반환한다. 반환의 뜻이 어려울 수 있는데 그냥 결과를 알려 준다고 생각하면 된다. 또 한 가지, 프로그램의 세계에선 1은 참$_{true}$을, 0은 거짓$_{false}$을 의미한다. 결국 조건을 만족하면 참을, 만족하지 않으면 거짓을 반환한다고 할 수 있다. 기대처럼 심오한 의미 따위는 없었다. 그저 유사한 이름을 가지고 있기 때문에 사용했다. 굳이 의미를 부여하자면 단순한 숫자의 나열보다는 특별해 보였다. 유치하지만 독자들에게 엄청난 비밀을 감추고 있는 듯한 느낌을 주고 싶었다. 덧붙여 이 기호를 사용하게 된 결정적인 계기는 비교 연산자의 또 다른 이름이 관계 연산자$_{Relational\ Operator}$라는 사실이었다.

“

비교 연산자의 또 다른 이름이
관계 연산자다.

　비교 연산자와 다르게 《비교리즘》은 인물, 개념, 사물, 이론, 문제, 사상, 물질, 모양, 가치관 등 다양한 대상을 비교하려고 한다. '비교'라는 단어가 겹쳐서 숫자 대신 비교 연산자를 사용했다고 했지만 이를 통해 한 가지 바라는 점은 있었다. '글 중간중간에 있는 이 기호를 보며 한 번 더 생각할 거리를 주면 좋겠다.' 지금까지 읽은 내용과 다음에 이어질 내용은 어떤 관계를 맺을 수 있을까(>=)? 비슷한 점은 무엇이고 다른 점은 무엇일까(!=, ==)? 혹은 이런 비교를 통해 저자가 말하려는 것은 무엇일까(<=)? 같은 생각 말이다. 아니면 다음과 같은 추론도 가능하다. 서로 다른 a와 b를 비교해 보는 글이구나(!=). a와 b가 각각 품은 이야기를 정

리해 주고 있구나. 다른 점이 있지만 비슷한 점도 있나 보네(>=, <=). 완전히 달라 보이는 a와 b였는데 비교를 통해 새 관점을 얻게 될 수도 있겠구나(==). 이렇게 생각해도 상상력을 마음껏 발휘해 본다는 맥락에서 큰 무리가 없다. 이런 다양한 의미에서 비교 연산자를 글에 추가해 봤다. 기행을 일삼는 외골수의 악취미는 아니니 너무 괴상하게 여기지 않았으면 좋겠다.

살다 보면 도저히 해답을 알 수 없는 문제에 직면할 때가 종종 있다. 무엇이 정답인지는 고사하고 문제 자체를 이해하지 못하는 경우도 있다. 그럴 때면 그냥 프로그램에라도 물어보고 싶다. 어쨌든 비교 연산자는 참과 거짓 중 하나는 명확하게 알려 주니까 말이다. 비교 연산자는 1과 0을 반환하지만, 인생에서 비교는 무엇을 반환할까. 프로그램과 인생에는 중요한 차이가 있다. 비교 연산자는 그저 반환할 뿐 비교 이후 아무런 역할이 없다. 하지만 인생은 비교 이후가 더 중요하다. 그 누구도 비교를 통해 참과 거짓을 판별하려고 살지는 않는다. 비교는 결국 보다 현명한 판단을 위한 도구

일 뿐이다. 워렌 로비넷이 그랬던 것처럼 비교를 통해 어떤 것을 깨닫고 무엇을 해야 할지 결정하는 것은 오롯이 인생의 주인인 당신 몫이다.

같지만 또 다른 모습으로

비와 눈

  오늘은 운수가 좋을는지 출근길부터 하늘이 우중충했다. 우산을 챙겨서 나왔지만 정작 비는 오지 않으니 은근히 부아가 치민다. 찌뿌둥한 날씨처럼 아침 인사를 나누는 직장 동료들의 얼굴도 어두컴컴하다. 몇 주째 진도가 나가지 않는 회의 시간은 살얼음보다 위태위태하다. 오후가 되어도 햇빛을 못 봐서 불안한 인간들은 결국 서로에게 애꿎은 화풀이를 하고 나서야 조금 잠잠해졌다. 마침내 집으로 돌아갈 시간이 돼서야 뉘엿뉘엿 내리는 빗줄기, 이렇게 비가 추적추적 내리는 퇴근길이면 바삭한 파전에 시원한 막걸리 한 모금이 간절하다. 터벅터벅 우산으로 쏟아졌던 비를 뒤로하고 현관문에 들어서면 집 안의 고요함이 반갑기도 하지만 낯설게도 느껴진다.

아저씨(아재) 같다고 놀려도 할 수 없다. 날씨는 필자의 감정에 지대한 영향을 미치는 중요한 요소다. 비가 내리면 그 이유는 정확히 알 수 없으나 무척 우울해진다. 왜 우리는 비를 보면 감상에 젖게 될까? 햇빛을 맞이할 수 없다는 결정적인 차이가 인간의 감정에 영향을 미친 것으로 예측할 수는 있지만 말 그대로 예측일 뿐이다. 아니면 비는 '내리기' 때문일지도 모른다. 어떤 물체든 위에서 아래로 떨어지는 모습을 보는 것은 처연하고 서글픈 감정을 일으킨다. 일례로 추락, 낙하, 곤두박질과 같이 떨어지는 이미지를 연상시키는 단어는 부정적으로 사용하는 경우가 많다. 반대로 상승, 향상, 상향과 같이 관련된 단어는 긍정적인 이미지를 갖고 있다.

>=

이카로스의 날개처럼 떨어지는 것은 근원적인 슬픔을 품고 있다. 하늘을 날 수 있게 된 이카로스의 가슴에 가장 먼저 떠오른 것은 '감사'가 아니라 '만용'이었다. 끝없이 상승할 수 있다는 오만한 생각은 햇볕에 의해 처참하게 무너진다. 더욱 안타까운 것은 날개를 개발한 그의 아버지가 이미 만용에 의한 추락을 경고했었다는 사실이다. 하염없이 침잠하는 이카로스의 눈에는 무엇이 보였을지 궁금하다. 절망, 뉘우침, 후회. 이 설화에서 알 수 있듯이 고대에도 무엇인가 떨어지는 것은 슬프고 안타까운 일이었다. 따라서 비에 대해서도 인간이 비슷한 감정을 갖는 것은 당연하고 자연스러운 일이다. 우울한 기분과 비는 기원전부터 어울렸다.

그렇지만 비가 우울함의 근원이라는 생각은 필자만의 편견일지도 모른다. 실제로 농경문화를 기반으로 발달한 공동체에는 어김없이 '기우제'가 등장한다. 이럴 때 비는 축복의 의미도 지니고 있다. 특히, 벼농사에서 적절한 강우량은 그 성패를 좌우하는 가장 중요한 요소이다. 더구나 한국은 장마철에만 집중적으로 비가 내리고 그 전후에는 가뭄이 계속되는 기후적 특성이 있기 때문에 수리시설이 부족했던 과거에는 기우제가 더욱 번성할 수밖에 없었다. 영국의 SF 작가 아서 C. 클라크가 말했듯이 '충분히 발달한 기술은 마법과 구분할 수 없다.' 당시 기우제는 단순한 마법이 아니라 축복(비)에 다가가는 가장 효과적인 수단이었다. 비가 내리면 모두가 행복했다.

톡톡톡, 후드득, 보슬보슬, 주룩주룩, 쏴…. 비는 시각뿐만이 아니라 청각으로도 느낄 수 있다. 소리로 전해지는 비의 느낌은 우리를 또 다른 감각의 세계로 초대한다. 비 오는 소리와 음식을 기름에 튀기는 소리가 유사해서 한국 사람은 비가 오면 파전을 찾는다는 감성적인 설명도 있다. 그러나 필자에게는 흐린 날씨에는 일조량이 줄어들어 세로토닌Serotonin(행복감을 포함한 광범위한 감정을 느끼는 데에 기여하는 신경전달물질)의 분비가 줄어들고, 이를 대체할 수 있는 탄수

화물을 섭취하려는 자연스러운 생체 반응이라는 설명이 더욱 설득력이 있게 다가온다. 즉, 파전과 막걸리는 단순한 음식이 아니라 우울한 기분을 벗어나려는 본능의 발현이다.

<=

비는 시각과 청각에 이어 '후각'으로도 느낄 수 있다. 비가 내리면 나는 특유의 (풀 냄새와 흙냄새 사이의) 냄새가 있다. 흔히 '비 냄새'라고 일컬어지는 이 냄새를 학계에서는 '페트리코Petrichor'라고 부른다. '페트리코'라는 이름은 바위를 의미하는 그리스어 'Petra'에서 유래됐다. 이름의 유래에서 알 수 있듯이 바위의 작은 틈새에 있던 식물성 기름이 빗방울과 함께 공기 중으로 분출되는 과정에서 풀 냄새도 주변으로 함께 퍼진다. 또한 흙냄새의 원인도 박테리아가 내뿜는 '지오즈민Geosmin'이라는 화학물질이다. 즉, 비 냄새의 정체는 비에서 나는 냄새가 아니라 비를 맞은 바위와 땅에서 나는 냄새였다.

그런데 하늘에서 내리지만 비와 조금 다른 게 있다. 바로 눈이다. 비가 정신없이 재잘거리지만 미워할 수 없는 친구라면 눈은 차분하게 내 이야기를 들어주는 과묵한 친구 같다. 아울러 소복소복 쌓이는 눈은 비와는 또 다른 감정을 불러일으킨다. 밤새 내린 하얀 눈 덕분에 영롱한 기분으로 아침을 맞이했던 추억이 있는 사람은 안다. '하룻밤 사이에도 겨울은 올 수 있다'는 사실을. 강원도에서 어린 시절을 지낸 필자에게도 아침의 눈 풍광은 결코 익숙해질 수 없는 것이었다. 볼 때마다 감탄했고 볼수록 아름다웠다. 눈 내린 아침이면 잠옷 차림에 바들바들 떨면서도 삐친 머리와 뽀얀 입김을 친구삼아 한 장면이라도 눈에 더 넣으려고 했다.

뽀드득뽀드득, 눈은 내릴 때보다 내리고 나서가 더 즐겁다. 눈싸움은 평소 마음에 들지 않았던 친구에게 나의 마음을 표현할 수 있는 절호의 기회다(?). 누군가 비닐 포대라도 가져오는 날이면 모두가 눈썰매 선수가 된다. 양 볼이 터질 정도로 추운 날씨에도 이렇게 정신없이 놀다 보면 온몸이 땀으로 흠뻑 젖는다. 땀 때문인지 눈 때문인지 옷은 더욱 축축하고 지저분해진다. 어머니의 살가운 잔소리가 있고 나서야 겨우 집으로 돌아갔다. 매번 혼이 났지만, 결코 멈출 수 없는 즐거움이었다. 요즘은 눈이 온다는 소식에 지옥 같은 출퇴근 길이 먼저 떠오르지만, 그래도 가끔 어린 시절 눈과 함께했던 추억이 그립다. 눈은 우리를 추억에 잠기게 하는 묘한 매력이 있다.

66

눈과 비는 동일한 현상의
또 다른 측면이다.

여기서 재미있는 것은 눈과 비가 내리는 원인은 원천적으로 동일하다는 점이다. 오래된 기억이지만 지구 과학 수업을 잠시만 떠올려 보자. 구름 속에서 떠다니던 물방울이나 얼음 알갱이가 서로 부딪히면서 그

크기가 점점 커진다. 이런 입자가 중력을 거부할 수 없을 정도로 질량이 커지면 결국 지상으로 떨어진다. 이 때 기온이 낮은 상태에서 생성된 얼음 알갱이는 눈으로, 높은 기온에서 탄생한 물방울은 비로 내린다. 또한 이렇게 내리던 물방울이나 얼음 입자가 차갑거나 뜨거운 대기층을 만나면 다시 한번 그 형태가 바뀌기도 하며 눈과 비가 동시에 내리기도 한다. 이렇듯 눈과 비는 비교의 대상이 아니라 '동일한 현상의 또 다른 측면'일지도 모른다.

정신 사납지만 살가운 친구가 소중하듯이, 과묵하지만 침착하게 내 말을 들어주는 친구도 필요하다. 앞에서도 살펴봤지만 비와 눈이 우리에게 주는 느낌, 감정, 사고에는 분명한 차이가 있다. 그러나 그 간극이 단순히 눈과 비가 다른 계절에 내리기 때문이라는 설명은 상당히 부족해 보인다. 즉, 기온(온도)의 차이는 표면적인 이유일 뿐 한 걸음 더 들어가 보면 거기에는 둘이 다르지 않다는 진실과 대면하게 된다. 정작 그 차이를 만든 것은 인간이 사용하는 '언어'이다. 호모 사피엔스는 하늘에서 내리는 물방울을 '비'라고, 그것이 결정結晶을 이루면 '눈'이라고 명명했다. 이런 맥락에서 우리는 '다름'보다는 '같음'에 집중할 필요가 있다.

비나 눈처럼 근원은 같지만 특별한 과정을 통해 다른 느낌을 전할 수 있다는 사실은 한편으론 신비롭고 아름답다. 왜냐하면 나와 너, 당신과 타인, 그리고 우리와 너희도 마찬가지이기 때문이다. 현실을 살아가는 당신은 타인과 다름을 매 순간 인식하며 살아가겠지만 사실 그렇게 다르지 않다. 너도 나와 똑같이 비가 오면 슬픈 상념에 빠지며 눈이 오면 그리운 추억을 더듬는다. 타인도 당신과 마찬가지로 눈 내린 아침을 좋아하고 비 냄새를 맡는다. 그뿐만 아니라 우리가 비교를 통해 '같음'을 확인하듯이 너희에게도 '다름'은 다양성의 다른 이름일 뿐 그다지 신경 쓰지 않는다. 우리는 비처럼 눈처럼 그렇게, 다르지 않다.

관념을 실재로 만들다

연필과 키보드

자기 생각을 겉으로 드러내는 방법은 크게 두 가지다. 과묵하게 '침묵'을 유지하는 것도 일종의 의사 표현 방법이라고 할 수 있다. 반대로 자신이 처한 상황을 시시콜콜한 에피소드까지 곁들여 자세하게 '설명'하는 방법도 있겠다. 이렇게 말과 행동을 통해 그 사람이 현재 무슨 생각을 하고 있는지 짐작할 수 있다. 하지만 말이나 행동은 한계가 명확하다. 물리적으로 화자의 목소리를 들을 수 있는 거리를 유지해야 하며 어떤 태도를 취하고 있는지 관찰할 수 있어야 한다. 다시 말해 들리지 않는 말과 보이지 않는 행동으로 사람의 내면을 읽어 낼 수 없는 노릇이다. 또한 화자와 청자가 같은 시간에 있어야만 한다는 조건도 필요하다. 이미 죽은 사람은 말도 없지만 행동도 없다.

우리의 문명은 이러한 생각의 전달이 가진 한계를 늘 아쉬워했다. 즉, 시간과 공간을 넘나들며 서로의 생각을 나눌 수 있는 미래는 많은 이의 로망이었다. 어떠한 형태가 되었든지 기록된 것은 이후 그것을 다시 읽은 사람에게 영향을 끼치기 때문이다. 문명의 진보를 꿈꾸던 인간은 자연스럽게 말(언어)을 기록하기 시작했다. 이런 맥락에서 글은 결국 말과 행동을 기록한 것으로 생각할 수 있다. 상대방의 생각을 이해하기 위해서 같은 시간과 공간에 존재할 필요 없는 글은 기존 사고의 테두리를 깰 수 있다는 점에서 혁명과 다를 바 없었다. 과장을 조금 보태자면 책을 읽는 것은 그러한 혁명을 이어 나가는 작지만 가장 확실한 방법이다. 따라서 독서는 시공간을 넘나드는 소통의 요체이다.

여담이지만 고려와 조선은 활자에 관해서 상당히

앞선 문명이었다. 안타까운 것은 금속활자는 고려가 발명했지만, 조선에서 구텐베르크가 이루었던 혁명은 없었다(최근 〈남명천화상송증도〉가 〈직지〉보다 앞선 금속활자본이라는 연구도 있지만, 고려 때에 발명한 건 맞다). 그렇기는 해도 글을 기록할 수 있는 수단은 발전을 거듭한다. 오래됐지만 여전히 강력한 연필과 종이를 사용할 수도 있고, 편리한 태블릿이나 노트북을 활용할 수도 있다. 글쓰기 과정을 가만히 떠올려 보면 내가 가진 생각이 글이라는 표현 방법으로 모습을 드러내는 마지막 단계에서 항상 만날 수밖에 없는 친구가 있다. 연필과 키보드는 나의 뇌 속에 있던 관념을 눈에 보이는 실체로 구현하는 마지막 매개체다.

연필은 1565년 영국에서 처음 만든 흑연 막대기에 불과했다. 이후 로프나 나무 등으로 겉을 감싸서 사용했고 발전을 거듭해 지금의 모습을 갖추었다. 연필을 글 쓰는 데 사용하는 도구 정도로 생각하기 쉽지만, 자세히 살펴보면 재미있는 게 많다. 사각사각, 새까만 흑연이 새하얀 종이와 마찰하며 내는 소리는 단순한 청각적 정보를 넘어선다. 머릿속에 담겨 있던 생각이 연필을 통해 실체를 드러낼 때 그것을 우리는 '자아와의 대면'이라고 부른다. 고요한 밤에 연필과 종이가 만드는 하모니를 가만히 듣고 있으면 자기도 모르게 내면의 또 다른 자아와 만날 수 있기 때문이다. 자신에게 온전히 집중하는 일이 쉽지 않은 요즘, 연필은 내면의 소중함을 상기시키는 힘이 있다.

누군가의 생각을 글로 옮기기 위해 자신의 존재가 조금씩 사라지는 두려움을 기꺼이 감내하는 연필의 모습은 글 쓰는 사람에게 감사함을 넘어 감동을 선사한다. 타인을 도와주는 것은 고사하고, 자기 생각과 조금만 달라도 불편한 마음이 요동치는 필자에게 연필은 아무 말 없이 깨달음을 건넨다. 하여 낙서하거나 시답지 않은 글을 끄적거릴 때면 연필에 미안한 생각마저 든다. 자유롭게 생각을 글로 옮겨 보는 것도 좋지만, 한 번쯤은 의미 있는 글도 써야 하지 않을까? 의식도 없는 연필에 과하게 감정 이입한 것 아니냐는 지적이 있을 수 있겠지만, 옷이나 자동차에 쏟는 관심과 애정에 비해 연필은 지나치게 도외시해 왔다. 옷과 자동차보다 연필이 자기 내면을 훨씬 잘 이해하고 있는데도 말이다.

내면뿐만이 아니다. 인간에게 중요한 신체 기관인 손과 가장 긴밀한 관계를 맺는 것도 연필이다. 손과 연필이 얼마나 친밀한 관계인지는 글을 쓸 때 연필을 쥐는 방법이 각양각색이라는 사실만 봐도 알 수 있다. 정확하게 설명하긴 힘들지만 각자 자신에게 최적화된 연필 파지법을 가지고 있다. 이는 의도했든 의도하지 않았든 연필과 손이 함께한 시간이 절대 짧지 않았음을 나타내는 증거이다. 게다가 익숙함의 다른 이름이 편안함인 것처럼 내 손과 친해진 연필 덕분에 우리는 수많은 역경을 이겨 낼 수 있었다. 중대한 시험에서 정답을 차분하게 적을 수 있었고, 소중한 사람에게 마음을 담은 솔직한 편지를 쓸 수 있었으며, 사랑하는 연인에게 크리스마스카드도 보낼 수 있었다. 연필은 인생이다.

<=

연필 이야기를 하느라 놓친 게 하나 있다. 글을 쓸 때 가장 많은 시간을 함께하는 것은 사실 노트북이다. 이렇게 글은 주로 노트북으로 쓰고 있지만 옆에는 항상 연필과 노트가 준비돼 있다. 무섭게 깜박이는 커서를 한동안 바라보고 있노라면 불안한 마음에 연필로 무엇이든 끄적일 수밖에 없다. 메모의 내용은 유치하기 짝이 없다. '뭘 쓰지', '다음으로 이어지는 생각은', '아무 생각도 나지 않는다'가 대부분이다(연필에 미안한 마음이 절로 든다). 그래도 초점 없는 눈동자로 모니터를 멍하니 쳐다보고 있는 것보다는 한결 마음이 편하다. 한편 노트북에는 연필과 겉모습은 다르지만 비슷한 역할을 수행하는 기기가 있다. 바로 문자를 입력하는 장치인 키보드다.

도각도각, 그 방법은 연필과 다르지만 키보드를 누를 때 나는 소리도 묘하게 글쓰기와 어울린다. 더불어 키보드를 연타할 때마다 모니터 화면을 수놓는 문자의 향연은 아름답게 느껴지기도 한다. 0과 1로 구성된 데이터가 전선을 통해 전달되어 모니터에 나타날 뿐이라는 사실을 분명 알고 있지만, 담백한 타건 소리를 들으며 순차적으로 모니터에 등장하는 문자를 보고 있으면 경외감마저 불러일으킨다. 착착 감기는 손끝의 감각도 아날로그적인 감성을 자극하는 데 한몫 차지한다. 타닥타닥 타다닥, 컨디션이 좋은 날이면 타건 소리에 절묘한 리듬이 추가된다(리듬감을 제대로 살리기 위해 필자는 세벌식 자판을 애용한다). 이러한 의미에서 키보드는 가장 아날로그적인 디지털 기기라고 할 수 있다.

신체와 접촉한 시간만을 고려한다면 부모님이나 친구보다 키보드와의 친밀도가 더 높아야 한다고 생각한다. 학교에서 회사에서 그리고 집에서도 키보드는 우리와 떨어지지 않는다. 스마트 폰에서 손과 가장 많이 접촉하는 부위도 문자를 입력하는 자판(키보드) 부분이다. 이처럼 키보드도 연필 못지않게 우리의 삶과 깊은 인연을 맺고 있다. 그렇지만 키보드는 연필과 다르게 자신을 깎아 내는 희생을 감수하는 것처럼 보이지는 않는다. 굳이 편을 들어 보자면 키보드의 수명이 무한한 것은 아니니 연필보다는 천천히 자신을 희생하고 있다고는 할 수 있겠다. 단순하지만 더 설득력 있는 설명은 둘 다 관념을 겉으로 드러내는 수단이지만, 쓰이는 방식과 재료의 차이에서 오는 간극이라고 생각한다.

"

관념이 실재로 승화하는 순간은
연필과 키보드를 통해 이루어진다.

닮은 듯 다른 연필과 키보드는 글쓰기에서 특별하고 결정적인 역할을 담당한다. 특히, 자기 내면세계를 바깥세상으로 표출하는 마지막 매개체라는 점이 눈에

띄었다. 관념이 실재로 승화하는 순간은 연필과 키보드를 통해 이루어진다. 끝으로 잊지 말아야 할 둘의 공통점을 하나 더 언급하려고 한다. 흔히 좋은 글은 깊은 사색의 결과물이라고 말한다. 반은 맞고 반은 틀린 조언이다. 읽을 만한 글이 진지한 사유에서 출발하는 것은 맞지만 그것만으로 훌륭한 글이 될 수는 없다고 생각한다. 좋은 글은 글을 쓰는 과정에서 완성된다. 실천 없는 주장이 설득력을 잃듯이 아무리 탁월한 아이디어라도 연필과 키보드로 직접 글을 쓰는 과정을 거치지 않는다면 그야말로 관념으로 머물러 있을 뿐이다.

연필로 종이에 글을 써 내려가면서 처음 떠올랐던 생각은 진화하고 정교해진다. 막막하고 답답했던 글의 전체 구조도 키보드로 모니터에 문자를 조각하다 보면 어느덧 길이 보이고 엉켰던 실타래도 풀린다. 더욱 다행인 것은 생각만 했을 때는 숨겨져 있던 오류가 직접 글을 쓰는 과정에서 드러날 수 있다는 점이다. 바꿔 말하면 글의 완성은 연필과 키보드로 한다고 해도 크게 틀린 말은 아니다. 평범하고 늘 곁에 있어서 소중함을 까맣게 잊고 살아가는 존재가 있다. 그러나 아무리 미미한 존재라도 자세히 들여다보면 존재 이유도 맡은 역할도 따로 있음을 종종 발견한다. 그동안 연필과 키보드를 당연한 존재로 인식하고 있었다면 오늘은 고마움을 담아 미소를 건네 보자. 혹시 아는가? 평생 써먹을 기발한 생각을 알려 줄지.

마음에 답이 있다

취미와 과제

"혹시... 취미가 어떻게 되세요?"

우선, 처음 보는 어색한 남녀 사이에 할 말이 없을 때 주고받는 질문이 떠오른다. 뻔하고 지루한 질문이지만 같이 이야기할 소재가 간절한 순간, 공통의 관심사가 있다면 대화를 이어가기가 그나마 수월하다. 한마디로 소개팅에서나 나올 법한 간질간질한 질문이라는 말이다. 그동안의 경험에 비추어 보아 "독서와 영화감상입니다."라는 고전적인 대답을 떠올리는 사람이 여기에도 분명히 있다. 실제로 관심 있고 좋아하는 활동은 따로 있지만, 상대방에게 좋은 첫인상을 심어 주기 위해 이렇게 대답하는 경우가 종종 있다. 또한, 기억에 남는 작가, 인상 깊었던 배우, 최근 화제가 된 감독 등 책과 영화는 할 이야기 많은 소재이기도 하다.

아쉽지만 설레는 만남은 잠시 뒤로 미루고 함께 사유해 볼 거리가 있다. 우리가 주목할 것은 서먹한 사람과의 대화에서 그 주제로 취미가 자주 등장한다는 사실이다. 서로의 관계를 원만하게 발전시키기 위해서는 먼저 상대방을 잘 파악할 필요가 있다. 사실 대화의 원초적인 목적도 상대의 특성을 정확하게 인식하는 데 있다. 이러한 맥락에서 취미는 거북할 수 있는 첫 대화의 소재로 매우 적절하다. 게다가 취미는 그 사람이 어떤 사람인지 알 수 있는 중요한 근거이기 때문이다. 그뿐만 아니라 취미는 누구나 한 번쯤은 해 본 경험이 있다는 보편성도 가지고 있어 실패할 확률도 상당히 낮다. 그런데 취미와 떼어 놓고 다룰 수 없는 단어가 하나 있다. 바로 지긋지긋한 '과제'다.

지식 전달이 저술의 목적인 전문 서적 읽으며 '어렵다' 이외의 감정을 느끼기란 쉬운 일이 아니다. 더군다나 건조한 정의定義가 끝없이 나열된 사전을 보며 감동한다는 것은 매우 특별하고 남다른 경험이다. 이는 마치 공터에 덩그러니 놓인 벽돌을 보자 갑자기 가슴이 벅차오른 경우이다. 그렇지만 그 유별난 일이 실제로 일어났다. 취미趣味를 사전에서 찾아보면 첫 번째 뜻은 '전문적으로 하는 것이 아니라 즐기기 위하여 하는 일'이라고 정의한다. 여기까지만 읽어도 무척 마음에 들지만, 진짜는 다음이다. '아름다운 대상을 감상하고 이해하는 일(취미를 기르다)', '감흥을 느끼어 마음이 당기는 멋(수학에 취미가 있다)' 취미에 담긴 뜻이 이렇게 문학적일지 몰랐다.

사전적 정의에 따르면 취미는 즐겁고 아름다우며 멋있기까지 하다. 그림, 음악, 독서, 영화, 연극, 뮤지컬, 낚시, 등산, 글쓰기 등 무엇이든 나에게 즐거움을 주는 활동을 취미라고 부른다. 내가 어떤 일을 할 때 즐거움을 느끼는지 이해한다는 것은 결국 나의 정체성 파악과 연결된다. 다시 말해 취미는 나를 알아가는 또 다른 과정이다. 덧붙여 취미는 '자기 결정권'이라는 독특한 특성이 있다. 좋은 취미를 가져 보라고 다른 사람이 입이 닳도록 설명해 봐야 아무 소용이 없다. 오로지 내가 좋아야 꾸준히 할 수 있는 게 취미다. 이렇게 어떤 활동이 나의 취미가 되기 위해서는 나의 결정이 절대적이다. 따라서 상사의 권유로 하는 주말 등산은 취미가 아니라 그냥 사회생활이다.

취미가 가진 이러한 특성 때문에 그 가치를 가볍게 여기는 사회 분위기가 있는 것도 사실이다. 그러나 의무감이나 사명감에 떠밀려 하는 일보다 흥미나 관심이 있어서 재미 삼아 하는 일이 성취도 면에선 훨씬 탁월할 수 있다. 멀리 갈 것도 없이 글쓰기 플랫폼, '브런치 스토리'에 넘쳐나는 양질의 글을 보면 알 수 있다. 다양한 직업에 종사하는 사람들이 '글쓰기'를 취미로 삼은 덕분에 우리는 언제 어디서나 좋은 글을 읽는 호사를 누리고 있다. 한 발 더 들어가, 취미로 한 활동이 월

등한 성과를 거둘 수 있었던 까닭은 온전한 몰입에 있었다고 본다. 제한된 기한, 과정보다 중요한 결과, 강요와 압박 등은 모두 몰입을 방해하는 부담스러운 요소이며 정확하게 취미의 반대편에 서 있다. 흔히들 그것을 과제라고 부른다.

<=

과제課題는 사전에서 '처리하거나 해결해야 할 문제', '주로 교육 기관 등에서 학생들의 학습 능력을 높이기 위해 교사나 교수가 학생들에게 내어 주는 연구 문제'로 정의한다. 앞서 살펴본 취미의 정의와 다르게 과제의 첫인상은 부담스럽고 답답하다. 적절한 삽화와 친절한 설명이 가득한 동화책을 감상하고 있었는데 한 페이지를 넘기니 까다로운 학술 용어와 발음하기도 어려운 인물명이 빽빽한 논문을 만난 느낌이다. 필자가 과제를 이토록 부정적으로 묘사하는 데에는 '독후감 숙제'라는 각별한(?) 추억 때문이기도 하다. 책 한 권 읽는 것도 큰 부담으로 다가왔던 중학생 시절로 기억한다. 책을 똑바로 읽었다는 증거로 일정한 수준의 결과물을 제출해야만 했다.

즉, 취미와 과제의 결정적인 차이는 강제성 여부에 있다. 반대로 말하면 스스로 결정하지 못한 취미는 더이상 취미가 아니다. 글쓰기라는 똑같은 활동도 작가를 꿈꾸며 자신의 내면세계를 자유롭게 펼쳐 내면 훌륭한 작품이 되지만, 어떤 책을 읽을지부터 언제까지 제출할지까지 강제로 제한하면 독후감 숙제로 추락한다. 법정에서 강요에 의한 진술은 증거로서 가치가 없듯이 시켜서 쓴 글은 그 의미가 반감할 수밖에 없다. 자연스럽게 과제와 취미의 두 번째 차이점을 알 수 있는데, 바로 결과와 과정 중 무엇을 더 중요하게 생각하느냐이다. 과제를 작성하는 사람은 물론 받는 사람도 과정보다는 결과에 집중한다. 왜냐하면 애초에 과제의 목적 자체가 판단과 평가에 있기 때문이다.

이와 다르게 취미는 전적으로 자기 선택에 달렸다. 서예가 정서 함양에 좋다고 설득해 봐야 듣는 아들에게는 아무 소용이 없다. 그나마 서예 학원을 잘 다니는 척하면 다행이다(미려한 붓글씨에 감동해서 서예를 시작하는 게 가장 이상적이다). 아울러 결과에 대한 평가도 스스로 하면 된다. 취미는 과정 자체를 즐기는 것이지 결과를 만들어 내는 것은 아니지만, 굳이 무엇이 결과인지 따져 본다면 숙련과 성장이라고 본다. 재미있어 보여서 따라 그렸던 그림이 차곡차곡 쌓이면 그림으로 자신을 표현하고 싶다는 자신감을 얻을지도 모른다. 나아가 멋진 화가나 웹툰 작가가 되고 싶다는 꿈을 꿀 수도 있다. 내가 좋아하는 일에 익숙해지고, 내가 어떤 사람인지 파악하는 데 취미만큼 유용한 것도 없다.

"

취미와 과제 사이의 거리는
그다지 멀지 않다.

물론 우리 삶에서 과제가 아무런 가치가 없다고 할수는 없다. 현실적으로 정당한 평가와 올바른 판단의 근거로 과제가 필요한 순간도 분명히 있다. 원하는 회사를 가기 위해 자기만의 포트폴리오를 정성껏 가꿔온 대학생에게 누가 감히 돌을 던질 수 있겠는가. 그 학생에게 포트폴리오에 가득한 과제는 뿌듯한 결실이자 희망의 징표이다. 하지만 그렇다고 과제가 우리 삶의 전부일 필요도 없다고 생각한다. 따라서 마지막으로 살펴볼 것은 취미와 과제를 대하는 우리의 자세(태도)이다. 가만히 들여다보면 재미있게도 취미인지 과제인지에 따라 우리는 같은 활동이라도 극적으로 다른 자세를 취한다. 앞서 잠시 언급했듯이 글쓰기는 작품이 될 수도 있지만 숙제가 될 수도 있다.

작품을 쓸 때의 마음과 숙제를 할 때의 마음은 절대 같을 수 없다. 그리고 그 간극의 원인은 글쓰기를 대하는 당신의 마음에 달려 있다. 바꿔 말하면 취미와 과제 사이의 거리가 그다지 멀지 않다는 말이다. 글쓰기를 예로 들었지만 다른 사항도 마찬가지다. 그림도, 연주도, 요리도 마음만 제대로 먹으면 작품이 될 수 있다. 정작 중요한 것은 마음가짐이라는 심심한 결론에 실망스럽겠지만, 생각보다 많은 사람이 이 뻔한 결론을 모르고 있는 것 같다. 아니면 알고는 있지만 실천으로 옮기지 못하고 있는지도 모르겠다. 취미와 과제를 구분하는 데 있어서 당신의 마음이 결정적인 역할을 갖고 있다는 사실은 취미와 과제 사이에 많은 가능성이 있음을 시사한다.

동시에 이러한 사실(취미와 과제의 구분은 당신 마음에 달려 있다는 사실)을 통해 당신의 삶을 주체적으로 이끌 수 있다는 점에서 중요하다. 삶을 과제처럼 사는 사람을 자주 만난다. 이런 사람의 특징은 경쟁에서 우위를 차지하기 위해 끊임없이 과제를 수행하는 것이 삶의 전부라고 생각한다. 반면에 취미처럼 삶을 대하는 사람도 있다. 이런 부류에 속하는 사람은 과정 자체를 즐기고 결과에 연연하지 않으며 마음먹기에 따라 과제도 취미가 될 수 있다는 사실을 이해한다. 둘의 차이는 어디서 오는 걸까? 대답은 철학을 사랑한 황제 마르쿠스 아우렐리우스가 남긴 글에서 찾을 수 있다.

'바깥세상은 우리 마음대로 할 수 없어도 우리 마음은 마음대로 할 수 있다. 이것을 알면 힘이 생길 것이다.'

Phase 3

내가 되고 내가 만드는

음식과 말

먹는다, 씹는다, 마신다, 소화한다, 요리한다... 어떤
단어와 함께 쓰이는 동사를 살펴보는 것은 그 단어의
뜻을 깊이 있게 파악하는 쓸 만한 방법이다. 그리고 나
열한 동사들은 모두 '음식'과 함께 자주 등장한다. 이
동사들의 공통점을 굳이 찾아보자면 무엇인가 밖에서
안으로 받아들이는 뜻을 내포한 동사가 많이 보인다는
점이다. 음식과 친한 대부분의 동사가 이러한 특성을
가지는 이유는 무엇 때문일까? 생존보다는 삶의 질을
따지는 요즘엔 음식을 하나의 문화라고 지칭하기도 하

지만 기본적으로 음식은 먹는 것이다. 인간은 음식을 섭취하지 않으면 생명을 연장할 수 없다. 다시 말해 외부에서 에너지를 지속적으로 얻지 못한 생명체는 자신의 존재를 유지하는 데 어려움을 겪는다.

미사여구를 아무리 갖다 붙여도 결국 음식은 나의 생존을 위해 나 이외의 것을 이용한다는 진실을 피할 길이 없다. 음식을 앞에 두고 풍미와 즐거움을 논하기에도 부족한데 '음식은 생명 연장의 도구'라는 꺼림칙한 사실을 이야기하는 것이 불편할지 모르겠다. 그렇지만 기분 좋은 말만 하는 사람이 언제나 옳을 수 없듯이 날카롭게 비판한다고 무조건 거부감을 가질 필요도 없다. 오히려 변화를 끌어낸다는 점에서 친절한 수긍보다 불편한 비판이 뛰어난 효과를 발휘하는 경우가 많다. 동시에 그러한 비판에 객관적 근거를 더한다면 설득력까지 얻을 수 있다. 이번에는 음식을 조금 차분하게 바라보려고 한다. 그러려면 우선 음식과 묘하게 닮은 친구도 같이 살펴봐야 한다. 음식과 말은 발가락이 닮았다.

>=

'입'은 이런 맥락에서 하나의 경계다. 나와 외부 세계를 연결하는 창구 역할을 톡톡히 해낸다. 음식을 맛보고 씹고 소화 시키는 일은 일종의 질적 전환 과정으로 볼 수 있다는 말이다. 쌀을 깨끗이 씻어 전기밥솥에 앉히면 고슬고슬한 밥이 탄생한다(여기까지만 생각해도 무척 즐겁고 행복한 일이다). 밥만 먹어도 좋지만 정갈한 반찬과 곁들여 입에 넣고 씹으면 세상 부러울 것이 없다. 식도와 위를 거치며 밥은 우리 몸에 흡수하기 쉬운 형태로 다시 한번 변한다. 소장과 대장을 지나며 탄수화물과 포도당으로 변한 밥은 혈관을 통해 우리 몸 곳곳에 퍼져 에너지를 공급한다. 물론 이러한 과정을 물리적 분해의 과정으로 볼 수도 있겠지만, 형이상학적인 변화의 과정으로도 볼 수 있다.

입을 거치면 음식은 더 이상 음식이 아니라 '내'가 된다. 당신이 사랑하는 사람을 위해 스마트폰으로 애틋한 메시지를 보낸다면 그 기저에는 음식의 질적 전환 과정이 있다. 그 사람이 보고 싶다는 생각, 따뜻한 문장을 만들기 위해 자판을 누르는 동작, 전송 버튼을 누를 때 느끼는 간절함 모두 음식이 내가 되는 과정이 없었다면 불가능한 일이다. 삶에 결정적인 요소인 생각, 동작, 느낌에 필요한 에너지의 출처는 대부분 음식이다. 그러므로 인간이 삶을 영위하는 데 음식이 가진 역할이 중요하다는 말은 이런 뜻에서 해석할 필요가 있다. 아울러 일련의 과정에서 '입'은 경계로서 음식과 '나'를 구분한다. 따라서 경계를 수월하게 통과하려면 입을 거치기 전 음식은 맛있어야 한다.

생각해 보면 감칠맛 나는 조미료, 먹음직스러운 색감과 모양, 식욕을 자극하는 향기는 까다로운 경계를 넘기 위한 부단한 노력의 산물이다. 요리를 해 본 사람은 알겠지만 까칠한 입맛을 맞추는 일처럼 고단한 일도 없다. 반대로 음식과 나 사이에 철저한 경계가 있다는 사실은 천만다행이다. 아무거나 먹는다고 모든 음식이 삶의 원동력이 되는 것은 아니기 때문이다. 술과 같이 필요 이상으로 과도하게 섭취하면 삶을 피폐하게 만드는 음식도 있으며 극약이나 발암 물질처럼 생명을 위협하는 음식(먹을 수 있다는 의미에서)도 있다. 이와 같은 해로운 음식도 몸에 영향을 미치려면 어찌 됐든 경계, 즉 입을 통과해야만 한다. 우리에게 입처럼 까탈스럽고 효과적인 경계가 있다는 것은 축복이다.

<=

흥미롭게도 음식과 비슷하게 입과 인연이 깊지만, 그 방향은 정반대인 단어가 있다. 똑같이 입이라는 경계를 지나가지만 '말'은 음식과 다르게 내 몸에서 밖으로 나간다. 여담이지만 목소리는 폐에 들어온 공기가 다시 성대를 통과해 나갈 때 생기는 진동으로 만들어진다. 이 진동수에 따라 목소리의 주파수가 결정되는데, 한마디로 말도 파동의 형태를 한 에너지다. 그렇다면 에너지라는 매개체를 통해 음식과 말은 자연스럽게 연결된다. 음식이 입을 통과해 나에게로 들어와 에너지로 질적 전환이 이루어지지 않았다면 말하는 행위 자체가 불가능하다.

내면의 생각을 외부 세계로 드러내는 중요한 도구이

기에 '말'은 삶과 떼어 놓을 수 없다. 말과 관련된 동사도 살펴보자. 전달한다, 내뱉는다, 나눈다, 지어낸다, 막는다... 예상한 대로 음식과 방향만 반대일 뿐 경계를 넘는다는 의미를 포함하고 있다. 가치판단을 떠나 자기 내면에 갖고 있던 생각이 입이라는 경계를 통과하면 말이 된다. 만약 말이 없었다면 호모 사피엔스가 지금까지 지구에서 생존할 수 있었을지 의문이다. 여타의 생명체에 비해 물리적으로 연약했던 호모 사피엔스는 어떤 형태로든 공동체를 구성할 수밖에 없었고, 이때 의사소통은 선택이 아니라 필수였다. 바꿔 말하면 말은 곧 생존이었다. 이렇듯 말은 외부 세계에 직접 영향을 미칠 수 있다는 점에서 중요하고 위험하다.

목소리를 통해 상대방에게 내 생각을 직접 전달한다는 점 때문에 자신의 의지를 표현하는 가장 강력한 수단이 말이다. 게다가 모두 알다시피 말의 힘은 어마어마해서 그 파급력을 함부로 재단해서는 안 된다. 강단에 선 연설자가 뿜어내는 말의 에너지는 청중들에게 감동과 희망을 건넬 수도 있겠지만, 선동과 선전을 통해 충동을 부추기는 면이 분명히 있다. 말의 위험성은 독일이 역사적으로 증명했다. 전쟁이 일어나기 얼마 전 독일에서 나치가 그토록 열렬한 지지를 받을 수 있었던 데에는 히틀러Adolf Hitler의 그럴듯한 연설이 있었다. 2차 세계대전에서 민간인을 포함한 총 사상자는 대략 5,000만 명에서 7,000만 명으로 잡고 있다. 숫자만으로 이미 끔찍하다.

> "
>
> 말과 음식은 묘하게 닮았지만
> 이상하게 다르다.

앞서 까칠한 입맛은 해로운 음식을 거를 수 있다는 점에서 축복과 같다고 말했다. 또한 말도 음식과 같이 입을 통과해야만 외부에 영향을 끼칠 수 있다(생각만으론 세상을 바꿀 수 없다). 그렇기 때문에 말은 입이라는 경계로 충분히 걸러질 수 있어야 한다. 단지, 말은 익숙한 입맛이 아니라 의식적인 노력이 필요하다. 한 번 흘리면 다시는 주워 담을 수 없는 게 이 세상에 딱 두 가지가 있다. 말과 물, 물은 그것을 구성하는 분자의 화학적 특성 때문에 어쩔 수 없지만 말은 그렇지 않다. 신기하게도 말은 화학적 특성도 물리적 한계도 없지만 한 번 입 밖으로 내뱉은 말은 영원히 되돌릴 수 없다. 백번 양보해서 스스로 잘못을 깨닫고 사과하는 게 마지노선이다.

물론 말에 위험성만 있는 건 아니다. 위험과 동시에 소중한 가치도 가지고 있다. 나와 너를 이어 주는 매력적이고 가장 쉬운 방법이 바로 대화이기 때문이다. 말을 함부로 하지 않고 잘 관리해야 하는 이유다.

앞서 말했듯 인간에게 '입'이란 주요한 신체 기관이기도 하지만 세계(외부)와 나(내면)를 구분하는 경계이기도 하다. 음식과 말은 모두 입을 통과해야 지나갈 수 있지만 들고 나는 방향은 서로 다르다. 이같이 말과 음식은 묘하게 닮았지만 또 이상하게 다르다. 억지스러운 감이 있지만 필자에게 이 둘은 마치 발가락만 닮은 이란성 쌍둥이처럼 보이기도 한다. 끝으로 음식과 말의 오묘한 관계를 살펴보고 비교함으로써 우리는 무엇을 얻을 수 있을까?

파울로 코엘료는 《연금술사》에서 '사람의 입으로 들어가는 게 악이 아니라 사람의 입에서 나오는 것이 악'이라는 문장을 남겼다. 이 문장이 의미하는 바가 무엇이었는지 이제는 조금 알 것 같다. 곰곰이 생각할수록 참 맞는 말이다. 자기 잘못을 입 밖으로 소리를 내 말하는 사람은 거의 없다. 하지만 타인의 흠결을 아무 거리낌 없이 내뱉는 사람은 너무 많이 봤다(자기 자신을 포함하여). 말도 음식처럼 입에서 알아서 걸러 주면 좋으련만 안타깝게도 말을 할 때 입은 오직 내면과 외면을 구분하는 경계일 뿐이며, 우리는 이 경계조차 자주 망각한다. 바로 이 부분이 음식과 말의 결정적인 차이라고 생각한다. 음식에는 아무런 악의가 없다. 오로지 입 밖으로 나오는 말에 그 사람의 품격이 담겨 있을 뿐이다.

나는 꼰대일까 멘토일까

훈수와 조언

플레이어 1: 장이요! 이를 어쩌면 좋나. 이러면 외통
　　　　　수 아닌가?

플레이어 2: 흠...

플레이어 1: 장기 두는 사람 집에 가셨나. 영 답답해
　　　　　서 못 두겠네.

플레이어 2: 정말 미안한데 딱 한 수만 물립시다.

플레이어 1: 에헤이! 안 돼, 이러면 재미없지.

훈수쟁이: 물릴 필요 없는데? 포 반대로 넘기면 되
　　　　잖아요.

플레이어 2: 아하!

플레이어 1: 당신 뭐야! 아까부터. 적당히 좀 합시다?

훈수쟁이: ......

게임을 많이 해 본 사람은 잘 알겠지만, 게임은 이기려고 하는 게 아니다. 상대방이 화나게 하려고 하는 게 게임이다. 즉, 게임을 하다 화내면 진짜 진 거다. 그렇기 때문에 무조건 이기고 보는 게 승부의 제일 원칙이다. 일단 이기고 나야 할 말도 생기고 여유도 생긴다. 아울러 승부의 세계에서 변하지 않는 진리 운7기3, 첫 경기에 승리해야 다음 게임에서 유리한 위치를 점할 수 있다. 특히 평소 라이벌로 여기던 친구와의 대결은 더욱더 물러날 수 없다. 요즘은 화려한 그래픽과 매혹적인 사운드, 심금을 울리는 서사와 개성 넘치는 캐릭터로 무장한 비디오 게임이 넘쳐 나지만, 필자가 어렸을 땐 장기만큼 재미있고 스릴 넘치는 게임도 드물었다. 그래서 집마다 장기판 하나쯤은 다들 있었다.

그런데 승리를 코앞에 둔 사람에게 어김없이 등장하

는 방해꾼이 있다. 자신의 지적 능력을 자랑하려는 스노비즘_{Snobbism} 때문인지 아니면 위기에 처한 사람을 도와주려는 측은지심惻隱之心에서 그러는지 알 수 없지만, 자기가 경기를 치르는 것도 아니면서 훈수를 툭툭 던지는 사람은 얄미울 수밖에 없다. 훈수는 악행이 분명하다. 하지만 암만 생각해도 빠져나갈 길이 보이지 않았던 사람에게 훈수는 다시 도전할 기회를 준 희망이자 축복이다. '끝날 때까지 끝난 게 아니다'라는 격언을 아무리 되뇌어 봐도 길이 보이지 않았던 패배의 순간, 한 줄기 은총의 빛을 내리신 고귀한 존재가 바로 훈수다. 이렇게 받아들이는 입장에 따라 훈수는 선행이기도 하다. 훈수, 과연 어떻게 이해해야 할까?

>=

훈수訓手의 뜻은 사전에 정확하게 나와 있다. '바둑이나 장기 따위를 둘 때 구경하던 사람이 끼어들어 수를 가르쳐 줌', '남의 일에 끼어들어 이래라저래라하는 말' 너무 명확해서 살짝 놀랐다. '훈수와 얽힌 안 좋은 추억을 가진 사람이 정의하지 않았을까'라는 상상까지 해 봤다. 어디까지나 개인적인 의견이지만 정의에 사용된 '끼어들어'와 '이래라저래라'에서 부정적인 감정을 느꼈기 때문이다. 이처럼 사전을 편찬한 사람뿐만이 아니라 훈수를 긍정적으로 해석하는 사람은 거의 없다. 다시 말해 훈수를 통해 기사회생한 추억이 분명히 있을 텐데도 많은 사람이 이런 훈수를 해서는 안 될 것으로 인식한다. 이같이 훈수에 대해 거부반응을 보이는 기저에는 흥미로운 사연이 있다.

대부분의 사람이 훈수의 반대편에 조언이 있다고 생각한다. 필자는 좀 다른 생각을 하고 있다. 훈수의 반대편에는 '내'가 있다. 실제로 어떤 일에 직접 관여해서 처음부터 끝까지 내가 책임지는 일이 있다(게임을 포함하여). 반면에 훈수는 관조하는 입장, 관찰하는 입장에서 할 수 있는 행동이다. 조언도 이런 관점에서 바라보면 훈수와 크게 다르지 않다. 더욱 중요한 것은 인생이 훈수와 조언으로 더 나은 방향으로 나아갈 순 있지만, 결국 내 인생을 사는 건 다름 아닌 '나'다. 실천이 없으면 실제도 없다. 따라서 훈수와 비교할 대상은 조언이 아니라 자기 자신이다. 우리가 훈수를 부정적으로 인식하는 이유도 바로 이 부분이다. 훈수는 주체성이 결여돼 있기에 참견이나 잔소리로 여긴다.

잔소리보다 진심 어린 조언이 조금 더 기분 나쁠 뿐이라는 말처럼 타인의 의견을 온전히 받아들이는 일은 쉽지 않다. 게다가 게임의 흐름을 뒤집는 훈수보다 패배의 아픔에서 얻는 실력이 진짜 실력이며, 인생의 찬란한 길을 열어 준 조언도 내가 직접 부딪혀서 겪는 경험만 못하다. 이런 맥락에서 타인의 삶에 뜬금없이 끼어들기보다는 자신의 문제점을 똑바로 바라볼 필요가 있다. 그런데도 자기 허물은 가볍게 여기면서 다른 사람 홈결은 기어코 찾아내는 사람이 많다. 중요한 것은 내 삶이지 타인의 삶이 아니다. 응당 의존적인 성향의 사람일수록 훈수에 더 목멜 수밖에 없다. 또 훈수를 남발하는 사람도 의존적이기는 마찬가지다. 나의 못 이룬 꿈을 주변 사람에게 전가하는 게 훈수의 본질이기 때문이다.

훈수의 또 다른 특징은 실제 그 일을 직접 하는 것
보다 쉽고 훨씬 잘 할 수도 있다는 점이다. 어떤 문제
를 해결하기 위한 첫걸음은 정확한 현실 인식이다. 그
리고 현실을 객관적으로 인식하기 위해 가장 필요한
것이 문제와의 적절한 거리 유지다. 문제를 해결하는
과정에 어떠한 영향도 받지 않는 철저한 관찰자 입장
에 있다면 당연히 문제를 파악하는 데 있어서 효과적
일 수밖에 없다. 동시에 일의 결과에 대한 어떠한 책
임도 질 필요가 없다면 말하기는 더욱 쉬워진다. 아
마 단편적이고 낮은 수준의 훈수가 진화를 거듭해 질
적 전환을 이룬 것을 조언이나 충고라고 부르는지도
모르겠다. 어찌 됐든 아무것도 실행하지 않기에 오히
려 조금 더 유용한 훈수를 둘 수 있다는 역설이 한편
으론 재미있다.

그러나 옆에서 지켜보던 사람이 아무리 완벽한 문
제 해결책을 내놓는다고 해도 그다음을 어떻게 할지
는 당사자의 선택에 달려 있다. 부끄럽고 문제가 생

길 수 있겠지만 훈수를 받아들여 역전의 발판으로 삼
을 것인지(이때 '나도 그러려고 했다'라는 변명이 자주
등장한다), 솔직하고 깨끗하게 패배를 인정하고 새로
운 게임을 시작할 것인지는 오직 플레이어의 몫이다.
진지한 고민이 담긴 친구의 조언을 대할 때도 매한가
지다. 듣기 싫은 잔소리와 지적으로 여길 수도 있지만
건설적인 변화의 지렛대로 받아들일 수 있다. 다시 한
번 강조하지만, 핵심은 훈수와 조언을 받아들이는 나
의 태도이다. 훈수 자체는 악행도 선행도 아닌 하나의
의견일 뿐이다. 아울러 조언만으로는 큰 변화가 일어
나지 않는다.

　조언이 제대로 꽃을 피우려면 반드시 실천이 뒤따라
야 한다. 힘들게 조언해 준 사람이 나에게 소중하다면
더욱 실천에 방점을 두어야 한다. 이를 뒤집어 생각하
면 조언을 해야 할 때의 주의사항을 자연스럽게 유추
할 수 있다. 조언에 앞서 똑같은 말을 자기 자신에게도
할 수 있는지 먼저 질문해야 한다. 진심 어린 조언이란
다른 게 아니다. 누군가에게 제안할 해결 방안을 나에

게 적용해도 문제가 없어야 한다. 그러면 설득력은 저절로 확보된다. 덧붙여 바로 여기서 지긋지긋한 꼰대와 평생 함께할 동료가 나뉜다. 자신에게 아무런 질문도 하지 않으면서 허무맹랑한 지적과 참견만 입에 올리는 사람을 우리는 꼰대라고 부른다. 반대로 자신을 먼저 되돌아볼 줄 아는 사람과는 늘 함께하고 싶다.

"

훈수와 비교할 대상은 조언이 아니라
자기 자신이다.

앞에서 살펴본 대로 훈수가 탁월한 효과를 발휘하기 위해서는 객관성이 마련돼야만 한다. 그렇지만 이 지점이 훈수의 운명적인 맹점이자 한계이다. 자기 일이 아니기에, 결과에 대한 아무런 책임이 없기에, 말만 던지면 그만이기에 철저히 객관적일 수 있었다. 그러므로 훈수에는 '내'가 빠져 있다. 애초에 '주체적인 훈수' 란 말을 쓰지 않는다. 정작 집중해야 할 것은 훈수를 대하는 우리의 태도다. 한 마디로 훈수와 더불어 생각할 대상은 자기 자신이다. 훈수의 반대편에는 내가 있다. 훈수는 훈수하는 사람에게도 그리고 훈수를 받는 사람에게도 큰 도움을 주지 못한다. 따라서 누군가에게 훈수를 건네기보다는 나의 내면을 자세히 들여다보는 것이 한결 생산적이고 건설적인 일이다.

훈수의 긍정적인 면을 극한까지 끌어올리면 조언이 된다. 단, 그러한 조언을 타인이 아닌 자신에게도 적용할 수 있어야 한다. 자신을 향한 질문이 빠진 조언은 허장성세虛張聲勢에 불과하다. 조언을 수용할 때도 다르지 않다. 내가 그 조언을 어떻게 실천하느냐에 집중할 필요가 있다. 쉽게 말해 여기에서도 가장 중요한 것이 조언을 대하는 태도라는 말이다. 어찌 보면 도덕책 같은 결론에 불편하고 지겨울 수 있겠지만, 일상에서 지나치게 훈수를 남발하는 사람이 많은 것도 사실이다. 훈수의 목적이 순수하게 돕고 싶어서였다면, 혹은 우월함을 드러내기 위해 훈수를 건넨 적이 단 한 번도 없었다면 더 이상 할 말은 없다. 다만 조언하기에 앞서 훈수의 역설을 한 번쯤 떠올릴 수 있기를 바란다.

너는 또 다른 나

좀비와 나

아포칼립스_{Apocalypse}란 지구의 종말이나 이와 비슷한 여파의 재난을 일컫는 말로 쓰인다. 즉, 인류가 이룩한 찬란한 문명이 한순간에 무너져 지구에 살았던 모든 종이 사라진 상황을 흔히들 아포칼립스라고 부른다. 신이 인간의 미래를 비밀로 한 이유는 그 미래가 너무나 참혹했기 때문이었다. 물론 해석의 여지가 있겠지만《요한 계시록》에 나타난 세기말적 분위기는 누구도 부정할 수 없다고 생각한다. 아무것도 없기에 쓸쓸하고 외롭다. 모두가 공멸하기에 슬프고 억울하다.

아포칼립스의 이러한 어둡고 칙칙한 이미지가 대중 문화와 호응하면서 소설, 만화, 드라마, 영화로 다시 한번 거듭난다. 일례로 포스트 아포칼립스Post-apocalypse 란 말 그대로 문명이 붕괴하고 난 뒤 어떤 일이 벌어 질지 상상의 나래를 펼쳐 보는 장르이다. 붕괴의 원 인에 따라 세부 장르가 다시 나뉘는데 핵전쟁으로 모 두가 망했다면 뉴클리어 아포칼립스, 기후 변화로 공 멸했다면 에코 아포칼립스 등으로 구분한다. 이 중에 서 특히 우리가 관심을 가질 것은 좀비 아포칼립스다. 그런데 이런 작품의 배경(세계관)은 대체로 비슷하다. 좀비가 대량으로 발생하여 인류 대부분이 좀비가 되 고 생존한 극소수의 인간들이 겪는 물리적, 정신적 역 경을 극적으로 담아낸다. 이번에는 좀비 이야기를 하 려고 한다.

>=

좀비Zombie의 시작에는 부두교Voodoo가 있다. 아프리카 에서 유래한 부두교는 서인도 제도를 비롯해 미국 남부 지역으로 넘어와 넓게 퍼진다. 특히 아이티에서 크게 성행한다. 한편 부두교의 사제 역할을 하는 사람을 보커Borkor라고 부르는데 이들은 주술을 통해 인간을 특별한 존재로 만들 수 있었다. 부두교에 따르면 보커는 인간에게서 영혼을 분리함으로써 육체만 남은 인간의 주인이 된다. 이때 영혼이 사라진 인간을 좀비라고 칭했다. 지적 능력을 상실한 좀비는 보커의 명령을 무조건 따른다. 무서운 것은 바로 이 지점이다. 좀비는 아무리 부조리하고 비합리적인 명령에도 절대적으로 복종한다. 타인의 생명을 빼앗는 일은 물론 자신의 생명을 버리는 일까지도 망설임 없이 수행한다.

더욱 놀라운 것은 호러 영화에서나 나올 듯한 믿기 힘든 이야기가 학술 저서로 쓰였다는 사실이다. 하버드 대학의 민속식물학자 웨이드 데이비스Wade Davis는 자신의 저서 《나는 좀비를 만났다》에서 좀비의 탄생 과정을 자세하게 소개한다. 웨이드 교수는 아이티에 머물며 좀비 탄생 비화를 직접 관찰했고 깊이 있게 연구했다. 그가 말하는 인간의 좀비화 과정은 주술이 아니라 학대에 가까웠다. 이러한 맥락에서 보커와 좀비의 관계는 단순한 주종 관계를 넘어 일방적인 착취로 보인다. 영혼을 분리해 끔찍한 명령을 내리는 동화책 같은 이야기보다, 좀비는 살아 있는 인간의 기억과 의지를 빼앗아 노동력을 착취하기 위한 수단이라는 설명이 포스트 아포칼립스 장르에도 잘 어울린다.

좀비가 절대복종과 수탈의 대상에서 인간 생명에 위협을 가하는 괴물로 재탄생하게 된 계기는 영화 덕분이다. 1968년 조지 A. 로메로George Andrew Romero 감독의 〈살아있는 시체들의 밤Night of the Living Dead〉은 지금 우리가 가지고 있는 좀비 이미지의 틀을 제시한 영화로 평가받는다. 철학을 깊이 탐구했을 뿐이지만 기독교에 지대한 영향을 미친 플라톤의 이데아론처럼 로메로 감독이 영화에 등장시킨 '살아 있는 시체'는 현존하는 모든 좀비 영화의 전범이라 할 만하다. 아울러 그가 1978년 발표한 두 번째 좀비 영화 〈시체들의 새벽Dawn of the Dead〉은 대중들의 열광적인 지지를 받았으며 좀비가 등장하는 영화의 교본으로 남았다.

이 같은 전형적인 이미지 이외에도 부두교에서 말하는 좀비와 영화에 나오는 좀비의 뚜렷한 차이가 하나 더 있다. 좀비가 되기 위한 인간의 조건이 다르다. 보커(부두교 사제)는 살아 있는 사람에게 영혼을 빼앗은 반면에 로메로 영화에 출연한 좀비는 부활한 시체다. 이는 마치 드라큘라(흡혈귀)의 특성과 매우 흡사하다. 아무래도 관객에게 서늘한 공포감을 주기 위해 감독이 영화적 상상력을 가미하다 보니 다다른 결론이라고 생각한다. 예컨대 시체가 다시 살아 움직이는 장면을 한번 떠올려 보자. 분명 유쾌한 감정은 아니다. 오히려 두려움과 무서움에 훨씬 가깝다. 이처럼 별다른 추가 사항 없이 좀비 탄생의 설정 하나만으로 감독은 진지한 공포감을 조성했다. 탁월한 선택이 아닐 수 없다.

하지만 그렇다고 살아 있는 사람을 좀비로 만드는 과정이 덜 무섭다고 할 수는 없다. 강압적인 외부의 압력에 의해 아무런 고민도, 희망도, 의욕도 없이 오로지 타인의 명령만 따르는 개체가 되는 것이 흙 속으로 사라지는 시체보다 나은 것이라고 할 수 있을까? 의식주만 해결된다고 행복한 것이 아닌 것처럼 몸만 살아 있다고 해서 삶이 아니다. 더구나 시체가 다시 생명을 얻는다는 것이 오직 판타지의 영역이라면 살아 있지만 어떤 꿈도, 열정도, 의지도 없는 삶은 현실에도 존재한다. 주변을 두리번거릴 필요도 없다. 필자도 비슷한 순간을 많이 겪었다. 그런 점에선 부두교의 좀비가 훨씬 더 비참하다. 노예가 행복할 수 있는 시간은 자신이 주인처럼 될 수 없다는 현실을 깨닫기 전까지이다.

우울한 현실 덕분에 좀비의 초점 없는 눈동자에서 공포보다 공감을 느낀다면 과장일까. 자신의 생계를 유지하기 위해서라는 명분으로 회사를 가기 위해 잠을 휘적휘적 물리치며 하루는 시작된다. 한 가닥 희망처럼 이어폰을 꽂은 귀를 위안 삼아 대중교통에 몸을 맡긴 채 좀비처럼 출근한다. 이어지는 뻔한 회의와 지긋지긋한 메일 확인, 꾸역꾸역 먹을 것을 입에 집어넣고 몽롱한 오후가 지나면 습관적인 퇴근, 시답지 않은 TV로 시간을 보내다가 잠자리에 들게 된다. 그리고 또다시 아침, 이런 하루하루가 쌓여 오늘이 됐다. 진지하게 '자신의 삶'을 생각한다는 것은 매우 특별한 순간이 아니면 대개 시도조차 하지 않는다. 좀비와 당신이 공유할 수 있는 감정은 생각보다 많을지 모른다.

"

좀비의 초점 없는 눈동자에서
공포보다 공감을 느낀다.

현실을 아무리 뒤적거려 봐도 좀비와 확실하게 다른 실상을 찾기가 좀처럼 쉽지 않다. 오늘을 사는 우리는 꿈도, 미래도, 별다른 기대도 없는 그저 그런 무료한 일상을 견디며 살고 있다. 지독한 좀비처럼 말이다. 말하자면 공포와 혐오의 대상으로 탄생한 좀비에게 연민을 넘어 위로와 공감을 얻는 아이러니한 비극의 시대를 살고 있다. 그렇다면 아포칼립스는 다가올 미래가 아니라 현재의 모습이라고 할 수 있겠다. 그렇기는 해도 가만히 앉아 있을 수만은 없다. 좀비와 나를 확실하게 구분할 수 있는 방법이 하나쯤은 있을 것 같다. 우리가 좀비보다 나은 것, 좀비가 쫓아올 수 없는 인간의 고유한 특성, 좀비도 부러워할 만한 인간의 독특한 매력이란 무엇일까?

어이없게도 정답을 이미 말해 버렸다. 고전적이지만 언제나 반가운 격언, 모든 문제의 해답은 질문 안에 담겨 있다. 좀비와 다르게 인간은 인간 본연의 모습을 지키려고 있는 힘껏 노력할 수 있다. 굳이 좀비와의 차이점을 찾아보려는 질문을 스스로 던지는 이유는 천사는 되지 못하더라도 괴물이 되지 않으려고 노력하는 인간 고유의 특성이다. 회사에서 아무리 구박을 받더라도, 학교에서 아무리 혼나더라도, 현재가 아무리 아포칼립스처럼 보이더라도 나는 온전히 인간으로 남고 싶다. 그러기 위해선 좀비와 나의 차이점을 끊임없이 발견할 줄 알아야 한다. 그리고 이를 실현할 매우 쉽지만 가장 능률적인 방법이 바로 자신에게 하는 질문이다. 어렵고 대답하기 곤란한 질문일수록 효과가 좋다.

좀비의 비교 대상은 다름 아닌 인간이었다. 좀비와 인간의 현실을 비교하면서 우리가 얼마나 가혹한 현실을 마주하고 있는지 조금이나마 느낄 수 있었다. 또 비교하면 비교할수록 비슷해서 울적하다. 그럼에도 포기할 수 없는 한 가지, 인간은 인간으로 남을 수 있을 때 가장 아름답다. 구정물 같은 현실을 좀비처럼 흐느적거리며 버티고 있지만, 마음속 한편에는 다들 '괴물은 되지 말아야지'라는 살가운 꽃을 간직하고 있다. 아직도 살 만한 세상, 그래도 살맛 나는 세상은 그 꽃이 여전히 남아 있다는 증거다. 좀비보다 나은 점이 단 하나뿐이라도 반드시 찾아내야 인간으로 남을 수 있다. 따라서 아포칼립스를 살아가는 당신이 집중할 것은 좀비의 무료함이 아니라 인간의 꽃이다.

성장의 연애, 연애의 성장

연애와 성장

　요즘은 어떻게 가을을 보냈는지 잘 기억나지 않는다. 언제부턴가 계절은 여름과 겨울이 전부인 시절을 보내고 있다. 우선, 재미없고 현실적이지만 가장 먼저 떠오르는 원인은 기후 변화다. 단 하루도 예측할 줄 모르는 무지함과 지구를 지배하고 있다는 오만한 착각 덕분에 인간은 자신의 보금자리를 스스로 갉아먹고 있다. 전 세계 대기 중 이산화탄소 농도는 매년 사상 최고치를 경신한다. 이어지는 기온과 해수면의 동반 상승은 기존에 볼 수 없었던 이상 기후 현상을 초래

했다. 날씨가 조금 이상하기만 하면 그나마 다행이겠지만 그것을 훨씬 넘어서서 극한으로 치닫고 있는 모양새다. 그리고 극단은 여유를 싫어한다. 아련한 여름의 추억을 주워 담을 가을이라는 여유는 없고 곧바로 겨울이 성큼 다가온다.

또 한 가지, 세월의 풍파를 많이 겪으면 겪을수록 가을은 삶에서 점점 희미해진다. 건방진 생각일 수 있겠지만 나이가 들어감에 따라 모든 변화에 둔감해지는 게 사실이다. 계절의 변화를 감지하는 감각 기관이 우리 몸에 별도로 존재하는 것은 아니겠지만, 아마 대부분의 수용 기관이 그 변화를 감지하는 데 조금씩은 기여하지 않을까. 아울러 나이가 들어감에 따라 감각 기관의 지각 능력은 떨어질 수밖에 없다. 동시에 계절은 매우 복잡한 변화다. 즉, 가을의 고독과 쓸쓸한 정취를 온전히 느끼기에 인간이 가진 시간은 상당히 부족하다. 그렇지만 예리한 감각을 조금 더 오랫동안 유지하는 방법이 아예 없는 것은 아니다. 그 방법을 찾으려면 우리는 어쩔 수 없이 연애와 성장의 관계를 알아야만 한다.

>=

결론부터 말하자면 주변에서 일어나는 변화에 자신의 감각을 자주 노출시키면 된다. 감각은 칼과 같아서 갈고닦을수록 날카롭고 매섭게 날을 세운다. 게다가 칼을 제대로 쓰려면 먼저 손에 익어야 하듯이 감각도 능숙하게 사용하려면 우선 그 감각에 익숙해야만 한다. 감각의 단련과 익숙함, 결국 의식적인 노출이 정답이다. 그런데 별다른 노력 없이도 초감각적인 반응을 보이는 시기가 있으니 바로 사랑하는 사람이 주변에서 서성거릴 때이다. 만일 그(녀)와 진지한 연애를 하고 있다면, 거기다가 최근에 사귀기 시작했다면 누가 시키지 않아도 눈과 귀는 저절로 예리하게 벼린 칼처럼 그(녀)를 향한다. 변화에 민감하게 반응하려면 '연애를 하면 된다'라는 어설픈 결과에 도달했다. 조금만 더 나가 보자.

수면으로 채우기엔 너무나 아까운 하얀 새벽, 꽤 오

래전부터 읽고 싶었던 책을 펼쳐도 도무지 지워 버릴 수 없는 한 사람이 떠오른다. 이렇게 고즈넉한 밤이면 매번 느끼는 묘한 상쾌함은 옛 연인과의 흐릿한 상념을 또렷한 사진으로 바꾸는 주범이다. 그(녀)와 나누었던 달콤한 꿈과 해맑은 희망이 이제는 창문에 맺힌 서리보다 뿌옇게 바랬지만 기억보다 추억에 가깝기에 아직은 소중하고 아름답기만 하다. 존재하는 것은 분명하지만 손으로 잡을 수 없는 연애는 안개를 닮았다. 한편 잠깐 스쳤지만 오래도록 기억되는 인연에서 영원처럼 느껴지는 지겹고 지독한 인연까지 결국엔 모두 우리에게 무언가를 남기게 된다. 그러한 '흔적'을 자양분 삼아 우리는 조금씩 인생이라는 긴 여정을 향해 해 나가는지도 모르겠다.

연애도 결국 '인간관계'라는 큰 카테고리에 포함할 수밖에 없다. 흔히들 말하는 '연애를 통해 성장한다'라는 말은 그러한 맥락에서 통용되는 말이라고 생각한다. 덧붙여 여기엔 절대 놓치지 말아야 할 진리가 숨어 있다. 착잡하고 심란하지만, 우리가 겪었던 연애가 실패에 가까울수록 그에 따른 성장의 폭과 깊이가 더해진다는 사실이다. 내가 좋은 사람이 아니라는 걸 알았을 때, 조금 더 좋은 사람이 되는 것처럼 말이다. 상대적으로 예쁘고 행복하기만 했던 연애는 성장과는 거리가 멀다. 아득한 기억의 저편, 고단한 삶에 치여 잊고 있었던 오래된 추억을 다시 대면하면 막연히 아름답고 아련했으리란 기대와는 다르게 지질한 아집으로 똘똘 뭉친 과거의 내가 있다. '후회'는 이런 감정을 의미하는 단어이다.

<=

몽글몽글 솜사탕처럼 시작되는 연애의 끝에는 서글프고 처연한 진흙탕이 있다. 외면하고 싶겠지만 행복한 결말보다 우울한 결말이 월등히 많은 게 현실이다. 만약 연애에서 행복한 결말이 더 많다고 가정하면 지금까지 연애했던 사람들과 계속해서 관계를 유지해야 한다는 해괴망측한 결론에 다다른다. 이같이 어차피 죽어야 하지만 살아야 하는 인생처럼 연애도 태생적

인 한계를 가지고 있다. 그렇다면 문제는 오히려 단순해진다. 까마득한 진흙탕의 심연에서 빠져나오는 방법에 집중할 필요가 있다. 다만 언제나 꽃길만 걸을 줄 알았던 사람이 막상 구렁텅이를 만나면 처음엔 아무것도 못 한다. 무의미하게 허우적거리기 때문에 더 깊은 진창 속으로 침잠하기도 한다. 그럼에도 이를 극복한 사람은 '성장'한다.

잠시 글쓰기에 대해 같이 생각해 보면 좋을 것 같다. 평범한 사람들의 관계 속에서 특별하고 비범한 자신만의 서사를 만들어 낸다는 것은 글을 쓰는 사람들에게 항상 이루고 싶은 낭만이다. 누구의 글이든 평범하지 못하면 나와 관계없다는 이유로, 비범하지 못하면 매력이 없다는 이유로 외면받기 십상이다. 그래서 읽을 만한 글을 쓴다는 건 평범과 비범 사이에서 절묘한 균형감각이 필요한 줄타기라고 할 수 있다. 성장도 글쓰기와 크게 다르지 않다. 잘 성장하기 위해 절대 놓치지 말아야 할 가치가 바로 조화와 균형이기 때문이다. 느리게 걷더라도 차분히 주변을 살피면서 걸어야 오래 걷는다. 빨리 목표에 도달하고 싶은 마음에 무작정 달리다 보면 자기 실력을 쌓을 기회는 사라지고 괴로운 기억만 남는다.

이런 점에서 연애와 성장의 관계를 파악하는 일 혹은 비교해 보는 과정은 꽤 흥미롭다. 아무런 상관이 없을 것 같았던 두 가지 개념에서 의미 있는 관계를 발견하고, 유사점과 차이점을 확인해 보는 과정은 생각보다 흥미진진하다. 우리는 성장하면서 연애를 경험하고, 연애를 통해 성장한다. 행복이란 무엇인지 고민하고, 사랑과 집착을 구분할 줄 알게 되고, 나와 다른 감정을 이해하려는 노력도 해 본다. 고민과 노력은 결국 '나는 누구인가?'라는 철학적 질문으로 이어진다. 그리고 인간은 원래 실패와 좌절에서 더 많은 것을 배운다. 자신의 과오뿐 아니라 타인의 실수에서도 무엇인가 깨닫는다. 성숙한 삶은 절대 간단히 이룰 수 없음을 아는 것에서 한 인간은 성숙해지기 시작한다.

> **"**
>
> 만남과 이별의 과정에서 겪는
> 많은 경험과 감정은
> 성장의 원동력이자 연애 그 자체이다.

　만남과 이별의 과정에서 겪는 많은 경험과 감정은 성장의 원동력이자 연애 그 자체이다. 이런 과정을 연애와 성장이란 단어를 제외하고 정확히 설명할 수 있을까? 성장과 연애는 완전히 다른 것처럼 보이지만 끊임없이 서로 영향력을 주고받으며 변화하는 변증법적 관계라고 할 수도 있다. 감성적으로 접근해도 괜찮을 연애와 성장의 관계를 지나치게 분석적으로 접근한 면이 없지 않지만, 그만큼 생각할 거리가 많은 것이 연애와 성장의 관계라고 생각한다. 또한 둘의 관계는 나의 과거를 자꾸 돌이켜 보게 한다. 중요하기 때문에 다시한번 강조한다. 연애와 성장은 따로 떼 놓고 말할 수 없다. 성장이 곧 연애이고 연애가 바로 성장이다. 둘의 관계는 마치 뫼비우스의 띠처럼 시작도 끝도 없이 그저 무한히 연결된다.

겨울의 한복판, 봄을 애타게 기다리는 우리에게 가을은 요원한 이야기일지 모르겠다. 그렇기는 해도 가을을 제대로 느끼려면 연애하라는 어설픈 결론이 어떤 뜻이었는지 이제는 조금 다르게 바라볼 수 있게 됐다. 감각을 건강하게 유지하고 훌륭하게 키우기 위해선 새로운 변화에 자기 감각을 의식적으로 자주 노출하는 게 우선이다. 따라서 가을을 차가운 명왕성처럼 희미하게 느끼고 있다면, 그래서 고독한 계절을 고스란히 즐기기 어렵다면 연애할 때의 예민했던 감각을 다시 한번 상기해 보는 것도 좋은 방법이다. 그러다 보면 자연스럽게 성장과 대면할 수 있다. 왜냐하면 앞서 살펴본 대로 연애는 성장의 또 다른 측면이고, 성장은 연애의 한 부분이자 전체이기 때문이다.

당신은 자신에게 성장할 여지는 거의 남아 있지 않다고 오인할 수 있다. 아니면 나는 매일 꾸준하게 성장하고 있다고 착각할 수도 있다. 그러나 정작 중요한 것은 성장 그 자체이다. 지금보다 나은 모습을 꿈꾸는 데 필요하다면 그것이 오인인지 착각인지는 별로 중요하지 않다. 성장을 닮은 연애도 비슷하다. 모든 사람이 부러워할 만큼 밝고 행복한 연애를 할 수도 있지만, 다시는 떠올리기 싫은 우중충한 연애를 할 수도 있는 게 현실이고 인생이다. 하지만 이때도 가장 중요한 것은 연애 그 자체의 소중함이다. 그(녀)의 있는 그대로의 모습을 사랑할 줄 아는 마음이 연애의 기본이자 본질이다. 해변을 서성이는 것만으론 조개껍데기밖에 찾을 수 없다. 연애의 깊은 바다로 뛰어들어야 성장이라는 진주를 발견할 수 있다.

라디오는 살아남았다

디지털과 아날로그

비디오가 라디오 스타를 죽였다. 얼핏 보기에 이미 확인된 역사적 사실을 친절하게 알려 주는 듯한 뉘앙스가 담겨 있는 문장이라고 느낄지도 모르겠다. 그렇지만 결과론적으로 반은 맞았고 반을 틀린 예언에 가까운 문장이 되었다. 나아가 조금 더 보수적으로 접근한다면 창작자를 비롯한 당시 MTV의 간절한 소망을 담은 선언문이라고 할 수도 있다. 〈Video Killed The Radio Star〉는 영국의 팝 듀오 버글스~The Buggles~가 1979년 발표한 노래의 제목이다. 덧붙여 MTV~Music Television~

는 1981년 8월 1일 개국한 미국의 음악 전문 케이블 TV 채널이다. 참고로 이곳에서 VJ, 그러니까 비디오 자키Video Jockey라는 새로운 개념의 진행자가 최초로 탄생한다.

모두가 알다시피 MTV는 전 세계 음악산업과 대중문화에 큰 영향을 끼친다. 특히 주목할 것은 MTV가 개국하면서 맨 처음 시청자에게 전송한 뮤직비디오가 바로 〈Video Killed The Radio Star〉라는 사실이다. 이 노래가 가진 '귀로 듣는 음악에 집중했던 라디오는 역사의 뒤안길로 사라지고 눈으로도 볼 수 있는 영상매체가 주류로 떠오른다.'는 상징성은 MTV의 설립 목적과 잘 어울린다. 실제로 이후 등장한 마돈나와 마이클 잭슨은 라디오 스타보다는 비디오 스타라고 부르는 게 한결 자연스럽다. 아울러 비디오가 라디오를 죽였다는 말이 사실인지, 예언인지, 아니면 소망이었는지 정확하게 구분하기 어렵지만 한 가지 확실한 게 있다. 라디오는 아직도 죽지 않았다.

한편 비디오VHS, Video Home System는 그야말로 종말을 맞이했다. 정확히는 비디오를 보는 플랫폼에 대변혁이 일어났다. 이제 보고 싶은 영화를 구하러 비디오 대여점을 찾는 일은 구석기 시대에나 하는 유물쯤으로 여긴다. 더는 대기待期와 반납을 걱정할 필요 없다. 안정적인 네트워크 덕분에 스트리밍 방식으로 편안하게 영상을 소비한다. TV도 스마트폰, 태블릿, 노트북 등 동적인 기기로 대체됐기 때문에 영상을 감상하기 위한 시간과 장소의 벽은 더욱 낮아졌다. 결제도 문제없다. 스마트폰에 은행 앱을 설치하기만 하면 계좌이체는 물론 대출까지 가능하다. 현금을 찾기 위해 은행을 직접 방문하는 일은 언제부턴가 진부한 일이 돼 버렸다. 그리고 이러한 변화의 힘은 디지털로부터 나온다.

>=

그렇다면 디지털이란 무엇일까. 우선 디지털Digital의 어원인 'digit'은 손가락을 가리키는 라틴어 'digitus'에서 유래했다. 고대부터 인간은 수를 셀 때 손가락을 사용했으며 손가락은 곧 수를 의미했다. 즉, 디지털화

Digitalization됐다는 말은 숫자가 됐다는 말이다. 처음 디지털이 등장했을 때는 숫자가 될 수 있는 대상의 범위가 무척 제한적이었다. 하지만 지금은 세상에 존재하는 모든 것이 디지털화되고 있다고 해도 크게 틀린 말은 아니다. 한편 수를 세는 방법에는 10진법, 16진법, 2진법 등이 있으나 과학을 비롯한 공학에서는 일반적으로 2진법을 사용한다. 2진법의 세계에선 0과 1만 존재하며 중간값은 없다. 결국 디지털 세계란 0과 1의 세계를 뜻한다.

세상에 존재하는 모든 것이 숫자가 된다는 의미를 조금 더 자세히 살펴보자. '소리'는 우리 삶에서 중요한 위치를 차지하고 있다. 소리가 없는 아침, 상상만으로도 끔찍하다. 그러나 이렇게 소중한 소리도 디지털의 손길을 벗어날 수 없었다. 소리를 구성하는 요소에는 크기(dB, 데시벨)와 주파수(Hz, 헤르츠)가 있다(크게 소리 지르는 것과 높은음을 내는 것은 다르다). 동시에 인간의 귀는 한계가 있어서 일정한 범위 내의 소리만 들을 수 있다. 단지 크기와 높낮이에 한계뿐만이 아니라 구분할 수 있는 '시간'에도 제한이 있다. 0.00001초와 0.00002초 사이에 발생하는 소리의 차이는 인간이 절대 구분할 수 없다. 다시 말해 인간이 소리를 구분할 수 있는 최소한의 시간 단위가 있다는 말이다.

이제 소리를 크기, 주파수, 시간으로 구분된 3차원 좌표에 나타낼 시간이다(x축: 시간, y축: 데시벨, z축: 주파수). 여기서 단위는 인간이 구분할 수 있는 최소한의 시간 간격이다. 쉽게 말해 우리가 노래를 부를 때 '미' 음을 내면 그 음의 위치를 좌표에 그릴 수 있다는 말이다. 상당히 복잡하겠지만 노래 전체를 좌표로 나타내는 것도 물론 가능하다. 한 곡의 노래는 그렇게 숫자가 된다. 반대로 좌표의 숫자를 읽어 노래를 부르는 것도 가능하다. 숫자를 읽으면 노래가 된다니 놀라울 따름이다. 빛도 다르지 않다. 인간이 볼 수 있는 빛이라면 소리와 마찬가지로 밝기, 색깔, 시간으로 구분된 좌표에 나타낼 수 있다. 결과적으로 컴퓨터가 숫자를 해석하면 우리는 뮤직비디오를 감상한다.

정보가 디지털화되면 컴퓨터 입장에선 소리든 빛이든 숫자이긴 매한가지다. 그런데 디지털의 개념을 단순하게 숫자로만 이해하기에는 분명 무리가 있다. 시간이 지날수록 관련 기술은 발전을 거듭하고, 일상에서 더욱 폭넓게 활용되면서 디지털이라는 용어의 의미는 날로 풍성해지고 있기 때문이다. 따라서 책의 한 꼭지로 디지털을 끝까지 파헤치는 일은 불가능하기에 여기까지 알아보는 것으로 하겠다. 지금부터는 디지털의 데칼코마니이자 애증의 관계인 아날로그에 집중한다. 아날로그Analog의 어원은 비슷함이나 닮음을 의미하는 라틴어 'analogia'에서 유래했다. 통상적으로 아날로그라는 용어는 '물질이나 시스템 등의 상태를 연속적으로 변화하는 물리량으로 나타내는 것'을 말한다.

아날로그는 우리 주변에서 볼 수 있는 자연현상을 떠올리면 이해하기 편하다. 비가 오거나 눈이 내리면서 기온이 오르락내리락하고, 시간이 지남에 따라 하늘의 밝기가 조금씩 바뀐다. 이처럼 연속적인 값을 표현하는 게 아날로그라고 생각하면 된다. 바꿔 말하면 비슷한 값을 가진 연속된 형태의 신호가 아날로그다. 반면에 디지털은 켜짐(1)과 꺼짐(0)처럼 명백한 차이에서 발생하는 신호이다. 아날로그와 디지털의 극명한 대비가 바로 이 지점에서 발생하는데 디지털은 0과 1을 '직접' 다룬다면 아날로그는 수를 '간접'적으로 다룬다. 일례로 디지털시계에 표시되는 숫자를 보면 지금 몇 시인지 바로 알 수 있지만, 아날로그시계는 시침과 분침을 보고 한 번 더 계산해야 제대로 된 시간을 알 수 있다.

요즘 레트로가 대세다. 레트로Retro란 'Retrospect'의 줄임말인데 복고풍 또는 복고주의를 뜻한다. 지난 시절 유행했던 옷이 다시 성행하는 것처럼 대중문화 전반에 걸쳐 옛것을 그리워하는 현상이나 흐름을 레트로 열풍이라고 말하기도 한다. 이와 맞물려 '아날로그 감성'이란 말도 유행처럼 번지고 있다. 4차 산업혁명은 이미 진행 중이며 더불어 디지털 대전환의 시대를 살고 있지만 음악, 그림, 사진, 도서, 전자제품, 생활용품, 애플리케이션 등 아날로그 감성이 침투하지 않은 곳을 찾기가 오히려 힘들 지경이다. 디지털 기술이 발달하기 전, 그때 그 시절 느꼈던 에스러운 감성을 모두가 그리워하고 있다. 이에 대표적인 것이 바로 라디오라고 생각한다. 덕분에 라디오 스타는 살아남았다.

"

우리가 추구해야 할 것은
'선택'이 아니라 '조화'다.

1981년, MTV가 개국할 당시 라디오와 비디오의 차이는 아날로그와 디지털의 차이만큼 컸다. 오직 청각만을 자극하는 라디오에 비해 화려한 영상과 깔끔한 소리가 함께 나오는 뮤직비디오는 상대적으로 매력적일 수밖에 없었다. (어디까지나 개인적인 생각이지만)

단 1%의 가능성도 남겨 놓고 싶지 않아서였을까, MTV는 '비디오가 라디오 스타를 죽였다'라는 대단히 공격적인 카피로 포문을 열었다. 그렇지만 역사는 언제나 누군가의 의도를 고려하면서 흐르지 않는다. 라디오 스타는 2023년인 지금까지 별문제 없이 잘 지내고 있다. 반면에 비디오VHS는 다양한 변이와 멸종을 거치며 다른 모습이 되었다. 아마 앞으로도 라디오 스타가 영원히 사라질 일은 없지 않을까? 아날로그처럼 말이다.

이어령 작가는 《디지로그》에서 디지털과 아날로그를 합쳐 탄생한 말인 디지로그를 정의하면서 이렇게 주장했다. 이것과 저것 중 하나를 택하는 '선형적 사고'에서 벗어나 서로 모순되는 이것과 저것을 모두 포용하는 '순환적 사고'로 나아가는 자세가 필요하다고. 다소 늦은 감이 없지 않지만, 아날로그와 디지털을 어떻게 바라봐야 할 것인지에 대한 고민은 꼭 필요하다. 저무는 아날로그와 떠오르는 디지털의 경계에 선 우리, 앞으로 펼쳐질 미래에 이 둘의 관계를 어떻게 규정할 것인지는 한국인이라는 독특한 정체성을 가진 우리에게 매우 중요하기 때문이다. 저자가 피력한 주장대로 단절과 경쟁이 아닌 조화와 균형을 중요시하는 디지로 그로 나아가야만 한다. 우리가 추구해야 할 것은 '선택' 이 아니라 '조화'다.

질문은 연대의 힘

혐오와 연대

혐오嫌惡가 일상이 되었다. 증오와 차별이 빠진 이야기는 이제 현실과 동떨어진 판타지 소설 정도로 취급한다. 정치, 경제, 사회, 문화 등 분야와 경계를 구분할 필요 없이 서로가 서로를 물어뜯기에 여념이 없다. 우스갯소리일지 모르겠지만 타인을 해하지 않으면 불치병이라도 걸리는 것은 아닌지 의심스러울 정도다. 더욱이 세대 갈등, 젠더 이슈, 이념분쟁, 빈부격차, 인종차별, 종교 대립과 같이 첨예한 사안일수록 소통과 협의는 보이지 않고 일방적인 주장과 혐악한 비난이 난

무할 뿐이다. 상황이 이렇다 보니 아무것도 선택하지 않는 사람이 점점 늘어날 수밖에 없다. 먹고살기도 바쁜데 머리만 아프고 해결할 길이 보이지 않는 일에 누가 관여하고 싶겠는가. 차라리 비겁하다는 말을 듣는 게 훨씬 낫다.

무엇보다 혐오는 '너무 하기 쉽다'는 게 가장 큰 문제라고 생각한다. 공감과 배려는 공동체를 건강하게 유지하는 데 꼭 필요한 가치이지만 혐오와 비교하면 상대적으로 이해하기도 쉽지 않으며 실천하기는 더욱 어렵다. 또한 이상하게도 이런 소중한 가치들은 설명하면 설명할수록 변명처럼 들리는 취약한 면이 있다. 반면에 혐오는 단순하고 명료하다. (처음에는 이다음 문장으로 혐오 표현 예시를 직접 가져오는 게 어떨까 생각했지만 그러지 않기로 했다) 단순하기에 자주 할 수 있으며 명료하기에 고민도 필요 없다. 한편 자본주의는 고도화를 넘어 극단으로 치닫고 있다. 21세기 한국은 무한한 경쟁 때문에 결과만 중요할 뿐 과정은 불필요한 이상한 사회가 되었다. 하여 혐오까지 신경 쓸 여력은 없어 보인다.

안타깝게도 그렇다면 남은 결론은 하나다. 누군가의 혐오 발언을 적극적으로 지지하진 않더라도 거부할 수 없는 사회 현상으로 받아들이고 적당히 함께하는 수밖에 없다. 사실 개인의 힘으로 사회 전반에 걸친 큰 흐름을 바꿀 수는 없는 일이다. 핑계 같지만(이렇게 변명하게 된다), 오늘 하루에 일어난 일은 고사하고 내 주변에서 한 시간 동안 일어난 일만 파악하기도 쉬운 게 아니다. 광속으로 쏟아지는 정보를 한 개인이 모두 파악하는 일은 이제 불가능한 세상이다. 즉, 가치판단은커녕 정보를 단순히 인식하기에도 개인에게 주어진 시간이 너무나 부족하다. 윤리와 도덕을 말하기에 앞서 물리적 여건이 녹록하지 않다는 말이다. 아무리 살펴봐도 혐오와 대충 타협하는 길밖에 보이지 않는다. 아니면 모른 척하거나.

그럼에도 포기하고 싶지 않다. 불편하고 꺼림칙해

서 도저히 혐오와 같은 방을 쓸 수는 없는 노릇이다. 그리고 칠흑 같은 어둠의 존재는 언제나 보석 같은 햇빛의 흔적을 동반한다. 아울러 아무것도 할 수 없을 것 같다는 말은 그만큼 할 수 있는 게 많다는 말과 같다. 9회 말 투아웃 상황과 경기 종료는 분명히 다르다. 역전의 기회는 아직 남아 있다. 혐오의 육중한 몸이 사회 전체를 거침없이 짓눌러도 각자의 인생은 아름다울 수 있다. 다시 일어설 힘은 물론이고 흐름을 뒤집을 기회도 있다. 필자는 그 희망의 조각을 연대連帶의 가치에서 찾으려고 한다. 사전은 어떻게 설명하는지 알아봤다. '여럿이 함께 무슨 일을 하거나 함께 책임을 짐', '한 덩어리로 서로 연결되어 있음' 뜻을 살펴보니 생각보다 어렵지 않은 말이다.

연대를 떠올릴 때, 가장 먼저 떠오르는 이미지는 뽀얀 두 손이 서로를 맞잡은 모습이다. 먼 길을 떠난다고 할 때 혼자 가면 빨리 갈 수 있을진 모르겠지만 쉽게 지칠 수 있다. 하지만 동료와 함께 가면 조금 느릴지 모르겠으나 한결 멀리 갈 수 있다. 이런 맥락에서 인간에게 언어만큼 중요한 것이 연대라고 생각한다. 호모 사피엔스가 공동체를 구성하며 지금 같은 찬란한 문명을 이룩할 수 있었던 배경에는 유기적인 연대의 고리가 있었다. 수렵과 채집으로 생존하던 시기에는 식량을 구하기 위해 서로 연대했다. 한곳에 정착하면서 경작지를 개척하고 가축을 기르기 위해선 끈끈한 연대가 필수였다. 그뿐만 아니라 전쟁을 승리로 이끌기 위해 가장 필요한 게 또 탄탄한 연대다. 이처럼 연대의 역사는 유구했다.

인간에게 유용하고 꼭 필요했기 때문에 연대는 '의식'과 함께 사용한다. 연대 의식은 우연이 아니라 이같이 필요에 의해 탄생했다. 2023년인 현재, 의미 해석과 적용 방법에는 다소 차이가 있지만 대부분의 국가는 민주주의를 가장 합리적인 정치제도로 인정하고있다. 더구나 다양성을 중요시하는 민주주의의 특성상 개인의 발언, 행동, 생각의 자유를 국가는 제도적으로 보장한다. 따라서 어떤 표현에도 제한을 두어서는 안 된다. 단, 그 발언이 타인의 자유까지 침범하는 것은 허용하지 않는다. 참고로 이 주장은 필자보다 160여 년이나 앞서 존 스튜어트 밀John Stuart Mill이 《자유론》에서 이미 밝힌 바 있다. 덧붙여 혐오는 타인에게 해를 끼치는 행위이지 표현의 자유가 아니다.

자유의 한계와 연대 의식은 일맥상통하는 부분이 있다. 그러므로 우리 사회에 만연한 혐오를 제대로 제재하는 방법은 연대 의식에서 찾을 수 있다. 따뜻하게 맞잡은 손에서 배려가 시작되며 함께 걸어가는 길 위에 소통의 문이 열린다. 차별과 분열을 조장하는 혐오를 벗어나기 위해선 공고한 연대 의식을 구축할 필요가 있다. 적어도 혐오 발언을 지지해서는 안 된다는 최소한의 윤리적 마지노선도 연대 의식으로 그을 수 있다. 이런 점에서 연대 의식은 공동체를 건전하게 유지하기 위한 기본 여건이자, 민주주의를 수호하는 최후의 보루라고 생각한다. 타인의 불행을 보며 안도의 한숨을 쉴 게 아니라 같이 슬퍼할 줄 아는 아량이 절실하다. 척박한 환경을 힘겹게 버티는 이웃에게 따뜻한 말 한마디 건넬 줄 아는 진짜 어른이 필요하다.

누군가와 함께하고 공존하는 삶을 존경하는 마음, 분쟁을 불편해하며 평화를 선호하는 마음, 자신에게 주어진 것은 사양하며 기꺼이 나눠 줄 줄 아는 마음, 연대 의식이란 이런 마음을 공동체의 구성원들과 폭넓게 공유하는 것이라고 생각한다. 그런데 모든 공동체가 완벽하고 이상적인 인간으로 구성된 것은 아니다. 문명의 우수한 수단이자 합리적이고 이성적인 제도라고 생각했던 민주주의도 단 한 순간에 무너질 수 있음을 역사는 수도 없이 증명했다. 우리가 살고 있는 이 세계가 얼마나 나약하고 한 가닥 실오라기보다 가벼운지 모른다. 모두가 알다시피 인간은 그렇게 거룩하고 아름답기만 한 존재는 아니다. 혐오를 당연한 것으로 받아들이는 것은 물론 적극적으로 지지하고 조장하며 퍼트리는 게 또 인간이다.

그렇다고 타락의 길, 짐승의 길, 괴물의 길에 동조해선 안 된다. 언뜻 보면 이런 길은 혐오처럼 쉽고 편리해 보인다. 잠깐만 눈 감으면, 이 순간만 비겁하면, 모르는 척하면, 나에게 직접적인 피해는 없기 때문이다. 많은 사람들이 이런 길을 선택했고, 선택하고 있다. 그렇지만 반대의 길도 항상 열려 있다는 사실을 잊어선 안 된다. 적어도 짐승이나 괴물이 되는 것을 거부할 수 있는 것 또한 인간이다. 우리 모두는 지금까지 이룩한 문명을 유지할 만한 능력을 충분히 가지고 있으며 합리와 이성을 기반으로 힘껏 노력할 수 있다. 이러한 점에서 연대는 의식이기도 하지만 '감각'이나 '감정'이기도 하다. 갈고닦지 않으면 무뎌지는 칼날처럼 연대도 의식적으로 떠올리지 않으면 둔해지고 결국 사라져 버린다.

"

혐오는 연대를 습관으로
만들 때 사라진다.

나아가 연대는 '습관'이기도 하다. 자주 사용할수록 단단해지는 습관처럼 연대도 익숙해져야 실제적인 효과를 거둘 수 있다. 빠르고 각박한 세상을 살다 보니 많은 사람들이 자극적인 영상물이나 파격적인 상품을 선호한다. 아니면 말초적인 소비에서 안식과 위로를 얻기도 한다. 이러한 자극과 소비가 정서적 안정감을 유지하는 데 도움을 주는 측면이 있는 것은 분명하다. 그러나 이는 어디까지나 임시방편일 뿐 근본적인 해결책은 아니다. 더욱이 단편적이고 일시적인 정서에 지나치게 몰입하다 보면 연대를 멀리하고 혐오와 같은 방을 쓰게 될 가능성이 크다. 그렇다면 연대 감각을 잃지 않고 습관처럼 키울 수 있는 방법이 없을까? 질문은 연대의 힘, 연대는 자신에게 던지는 질문으로 튼튼하게 다질 수 있다.

다행히도 자신에게 진지하고 어려운 질문을 던지는 방법이 있다. 고전에 내 몸 통과시키기. 시대와 문화를 넘어 우리에게 항상 새로운 감동을 주며, 인간의 품위와 가치를 깊이 있게 사유할 기회를 주는 책을 '고전'이라고 한다. 고전을 읽으면 우리가 겪었던 과거의 문제를 새롭게 해석하고, 현재의 고민을 함께 나눌 수 있으며, 다가올 미래의 문제도 지혜롭게 대처할 수 있다. 처음에는 어렵고 답답할 수 있겠지만 괴물이나 짐승이 돼서 타인을 혐오하고 괴롭히는 일보다는 훨씬 생산적이고 보람 있는 일이다. 독서를 사랑하는 입장에서 고전 읽기를 선택했지만 영화, 연극, 뮤지컬 등 취향에 따라 다양한 방법을 통해 자신에게 질문을 던질 수 있다. 핵심은 질문이다. 잊지 말자, 혐오는 연대를 습관으로 만들 때 사라진다.

다시
엄친아

에필로그

평소와 아무것도 다를 게 없었던 어느 날, 엄마와 아들은 우연히 거실에서 TV를 보고 있었다. 덩그러니 그런데도 나란히 소파에 기댄 둘은 서로에게 하고 싶은 말이 많았지만, 섣불리 먼저 말을 건네기가 쉽지 않아 보인다. 가깝지도 멀지도 않은 둘 사이의 거리에서 느껴지는 적막한 기운에 가장 어울리는 상황은 침묵으로 보였기 때문이다. TV를 눈으로는 보고 있었지만 거기서 흘러나오는 경박한 웃음소리와 한심한 농담은 공허한 메아리처럼 베란다 창으로 흘러 나갔다.

엄마: (땅이 꺼질듯한 한숨) 희수네 아들은 이번에도 1등 했다더라. 키도 훤칠해서 인물도 좋아. 남편 복이 없으면 자식 복은 있다던데, 나는 지지리 복도 없지.

아들: 비교하는 거 좋죠. 자극도 되고, 제가 더 잘했으면 하는 마음으로 그런다는 거 잘 알아요. 그런데 엄마, 제가 그 친구보다 못났다는 말 듣는 제 마음은 어떨지 생각해 본 적 있어요? 생각보다 쉽게 상처받는다고요 저. 제가 기대에 못 미친다는 거 잘 알고 있어요. 항상 그런 거는 아니지만 저도 한다고 해요. 나름대론 열심히 하는 중이란 말이에요. 지금 당장은 생각 안 나지만, 제가 그 엄친아보다 잘하는 거 있단 말이에요. 그런 걸 더 많이 말해 주면 안 될까요? 그러면 엄마도 좋고 나도 좋고, 다 좋잖아요. 그렇게 해 주면 더 열심히 할 것 같은데, 거짓말 아니고 이번엔 정말이야. 어머니! 정중히 부탁 좀 드리겠습니다. 네? (도저히 거부

할 수 없는 제안을 했다는 표정)

엄마: (아무 말 없이 아들을 쳐다본다)

아들: ....

엄마: 밥이나 먹자. 먹고 싶은 거 있어? 탕수육 시켜
줄까?

>=

엄친아는 영원히 다가설 수 없기에 바라만 봐야 할
존재일까. 아니, 그도 당신처럼 누군가의 자식이자, 친
구이자, 사랑하는 연인이다. 당신과 똑같이 실망하고,
좌절하고, 패배에 힘들어하는 인간이란 말이다. 다만
소설이나 영화의 주인공처럼 대중의 상상력이 덧대어
져 아름답게 과장됐을 뿐이다. 오히려 화려한 겉모습
과 다르게 극심한 스트레스에 시달리고 있을지도 모른
다. 부모님의 격려는 반드시 성공해야 한다는 부담감
일 수 있다. 올바른 사람이라는 주변의 평가는 행동거
지 하나하나에 신경을 곤두세워야 하는 일상을 강요한
다. 철저한 자기관리와 숨 쉴 틈 없는 일정이 끊임없이

이어지는 삶, 누군가에겐 동경과 존경의 대상일지 모르겠지만 필자는 하고 싶지도 할 수도 없다. 결국, 엄친아도 머릿속에 있을 때만 완벽한 존재다.

그런 점에서 엄친아와의 비교가 그렇게까지 기분 나쁜 일만은 아니다. 멀리서 바라보면 부럽고 예쁘기만 하던 동화가 자세히 들여다보면 가혹한 비극일 수 있다. 게다가 위의 대화처럼 비교 덕분에 아들은 마음속에 담아 두었던 말을 솔직하게 표현할 수 있었으며 서먹했던 모자母子는 한 단계 더 가까워졌다. 단지, 부적절한 비교 때문에 아들의 가능성이 제대로 된 평가를 받지 못하고 있었을 뿐이다. 한 걸음 더 들어가 '엄마와 아들의 탕수육 이야기'는 우리가 지금까지 해 온 다양한 비교의 목적이 무엇인지 알려 주는 측면도 있다. 그동안 같이 사유해 본 비교 대상들은 모두 주변에서 너무나 쉽게 발견할 수 있는 것들이었다. 결코 도달할 수 없는 미증유의 인물, 개념, 사물, 이론, 문제, 사상, 물질, 모양, 가치관이 아니었다.

문제는 비교를 가치 중립적으로 바라보지 못한다는

점이다. 나뿐만이 아니라 비교 그 자체도 지나치게 평가절하당한 측면이 분명히 있다. 단언컨대 비교도 충분히 소중할 수 있다. 더구나 여유를 가지고 조금만 천천히 비교 대상을 관찰한다면 인생 전체를 가로지르는 지혜를 발견하기도 한다. 따라서 내가 누군가와 비교당한다고 심각해질 필요도 주눅들 필요도 없다. 나의 부족함을 자연스럽게 받아들이고 앞으로 어떻게 보완할지 차분하게 고민해 보면 될 일이다. 요새는 자신의 단점을 찾기 위해 돈까지 지불해 가며 검사하기도 한다는데 공짜로 해 주다니 얼마나 고마운 일인가. 즉, 중요한 것은 비교 대상이 얼마나 대단하냐가 아니라 이를 통해 무엇을 깨달을 수 있는지이다. 비교의 목적은 깨달음이다.

그렇다면 비교와 동행해 여기까지 오면서 우리가 깨달으려 했고 깨달은 것은 무엇일까. 해답을 살펴보기에 앞서 한 가지 소명해야 할 것이 있다. 필자는《비교

212

리즘》을 통해 깊이 있는 생각은 실종되고 폭넓은 사고가 결핍된 사회 분위기를 힘겹게 견디고 있는 독자들에게 사유의 소중한 가치를 다시 한번 상기시키고 싶었다. 잘 됐을 리 만무하지만 (그래서 독자들의 평가는 다를 수 있지만) 딴에는 심사숙고하며 글의 소재를 찾아다녔다. 비교 대상의 선정 기준은 대단히 흥미롭지만 너무 가볍지 않아야 하며, 흔하게 볼 수 있어야 하지만 지나치게 평범해서도 안 됐다. 동시에 차이와 구분보다는 공감과 인정을 설명하기에 적확한 소재여야만 했다. 한 마디로 주제 선정의 폭이 무척 좁았다.

솔직하게 말하면 기대한 것보다 간단하고, 생각한 것보다 순박한 결론에 실망하지 말아 달라는 구차한 변명이다. 덧붙여 《비교리즘》을 조각하면서 겪었던 지극히 개인적인 소회를 밝히고 싶기도 했다. 이 글의 부제목인 에필로그Epilogue는 사전에서 다음과 같이 정의한다. '시가, 소설, 연극 따위의 끝나는 부분', '소나타 형식의 악장에서, 부주제 뒤의 작은 종결부' 참고로 에필로그를 우리말로 어떻게 번역하는지 찾아보다 쓸 만한 걸 찾았다. 바로 맺음 이야기(에필로그의 북한어).
어떤 일이든 마무리 순간이 다가올수록 떠오르는 감정
이나 생각은 비슷한 것 같다. 간절한 희망, 원대한 포
부, 가슴 벅찬 뿌듯함, 드디어 끝났다는 시원함과 함께
안타까운 후회, 자신을 향한 책망, 허술함에 대한 실망
등을 동시에 느낀다.

이제 비교의 목적인 깨달음으로 다시 돌아가자. 사
실 책을 읽으며 무엇인가 반드시 깨달아야 하는 것은
아니다. 게다가 필자는 누군가에게 깨달음을 줄 만큼
훌륭한 글을 쓰지도 못한다(책과 글을 좋아하고 경외
하는 마음 하나는 진심이다). '비교는 과연 우리 시대
에 꼭 사라져야 할 가치라고 생각하는가?' 맨 처음 이
책을 쓰기 시작하면서 떠오른 질문은 이것이었다. 해
답은 첫 문장을 쓸 그때도 잘 몰랐지만, 맺음 이야기를
쓰고 있는 지금도 여전히 잘 모르겠다. 돌이켜 보면 무
책임하고 성의 없는 시작이었지만 차곡차곡 글을 써
나가면서 독자들과 생각을 나누다 보면 정답에 다가
갈 수 있지 않겠냐는 희미한 희망은 가지고 있었다. 그

리고 마침내, 어느 정도 정답에 근접한 결론에 도달했다고 생각한다.

> 66
>
> 비교의 가치는 그것을 사용하는 사람의
> 마음에 달려 있다.

여태까지 다룬 모든 비교 이야기들의 한가운데를 가로지르는 일관된 맥락은 비교의 재발견이었다. 비교가 상대적 박탈감의 주범이라는 평판은 어디까지나 인간의 일방적인 결정이었다. 또한 비교는 수단으로써 아무런 문제가 없으며 적절히 활용한다면 유용한 도구임이 틀림없다. 오직, 인간이 비교의 의미를 남용하고 확증 편향적으로 이해해 왔기 때문에 문제가 됐을 뿐이다. 이러한 흐름에서 비교는 과도하게 외면받고 있는 게 사실이다. 아무런 문제가 없는 도구가 있다. 꽤 쓸모가 있기에 바로 사용한다면 놀라운 효과가 예상된다. 그런데 이것이 심연의 밑바닥에 잠들어 있어 무한한 가능성을 펼칠 기회조차 잡지 못한다면 이보다 더 억울한 일이 있을까. 도구는 물론 그것을 사용할 인간에게도 불행한 일이다.

비교의 재발견, 꼭 필요한 일이다. 나아가 비교의 가치는 그것을 사용하는 사람의 마음에 달려 있다. 어쩌면 비교의 가치를 따지려 했던 질문부터가 잘못된 것인지도 모르겠다. 왜냐하면 비교 그 자체는 아무런 가치도 없기 때문이다. 하여 차라리 비교의 올바른 사용 방법에 조금 더 집중했으면 어땠을까 하는 아쉬움도 남는다. 그렇기는 해도 비교의 제자리를 찾으려 했던 노력이 있었기에 지금과 같은 결론에 닿을 수 있었다. 당신이 엄청나게 증오한다고 해서 비교가 이 세상에서 사라질 일은 없다. 반대로 비교의 가치중립적인 성격을 제대로 이해하고 적합한 대상에 적용했을 때 비교는 자기 능력을 십분 발휘한다. 즉, 비교는 사용하는 사람의 마음가짐에 따라 흉기일 수도 있고 반석

일 수도 있다.

끝으로 한 가지 주제를 가지고 꾸준히 글을 쓴다는 것이 얼마나 고된 일인지 역력하게 깨달았다. 지금도 좋은 글을 쓰기 위해 기꺼이 자신의 영혼을 불태우고 있을 작가분들에게 경의를 표하는 바이다. 또한 글을 올릴 때마다 글 친구들이 보내 준 다정한 관심과 애틋한 격려가 없었다면 여기까지 올 수 없었다고 생각한다. 감사의 마음도 함께 남긴다. 감사합니다.

2023년, 봄을 기다리던 작은 책상 앞에서.

참고한 자료

- 네이버 국어사전

- 표준국어대사전

- 리처드 도킨스, 《이기적 유전자》(을유문화사, 2018)

- 맹자, 《맹자》(휴머니스트, 2021)

- 소포클레스, 《오이디푸스 왕》(민음사, 2009)

- 신형철, 《슬픔을 공부하는 슬픔》(한겨레출판사, 2018)

- 웨이드 데이비스, 《나는 좀비를 만났다》(메디치미디어, 2013)

- 이어령, 《디지로그》(생각의 나무, 2006)

- 재레드 다이아몬드, 《총, 균, 쇠》(문학사상, 2005)

- 칼 세이건, 《코스모스》(사이언스북스, 2016)

- 파울로 코엘료, 《연금술사》(문학동네, 2001)

- 김준래, 〈그림의 떡은 어떤 맛일까?〉(사이언스타임즈, 2014. 1. 28)

- 노해성, 〈비가 올 때 나는 냄새를 아시나요?〉
  (기상청 블로그 '생기발랄', 2019. 7. 2)

비교의 긍정과 부정,
그 사이 존재하는 것에 관한 이야기

비교리즘

1판 1쇄 펴낸날 2023년 9월 25일

지은이 COSMO

책만듦이 김미정
책꾸밈이 서승연

펴낸곳 채륜 펴낸이 서채윤
신고 2007년 6월 25일(제2009-11호)
주소 서울시 광진구 자양로 214, 2층(구의동)
대표전화 1811.1488 팩스 02.6442.9442
book@chaeryun.com www.chaeryun.com

책값은 뒤표지에 있습니다.
ISBN 979-11-90131-14-8 03100